未讀 Un读 探索家

未读之书，未经之旅

著｜〔法〕皮埃尔·巴泰勒米 Pierre Barthélémy　插图｜〔法〕玛丽昂·蒙田 Marion Montaigne　译｜魏 舒

Improbablologie et au–del à :
Nouvelles chroniques de science improbable

一本不正经的
科学

北京联合出版公司
Beijing United Publishing Co.,Ltd.

图书在版编目（ＣＩＰ）数据

一本不正经的科学 ／ （法）巴泰勒米著；魏舒译.—北京：
北京联合出版公司，2015.7
ISBN 978-7-5502-5342-1

Ⅰ.①一… Ⅱ.①巴… ②魏… Ⅲ.①科学知识－普及读物
Ⅳ.①Z228

中国版本图书馆CIP数据核字(2015)第104862号

Improbablologie et au delà
by Pierre Barthélémy (author) and Marion Montaigne (illustrator)
© Dunod, Paris, 2014
Simplified Chinese language translation rights arranged through Divas International, Paris
巴黎迪法国际版权代理 www.divas-books.com
Simplified Chinese edition copyright © 2015 by United Sky (Beijing) New Media Co., Ltd.
All rights reserved.

北京市版权局著作权合同登记号：图字01-2015-2687

未讀 UnRead | 探索家　　关注未读好书

一本不正经的科学

作　　者：〔法〕皮埃尔·巴泰勒米
译　　者：魏　舒
出 品 人：唐学雷
策　　划：联合天际
特约编辑：边建强
责任编辑：李　伟　刘　凯

北京联合出版公司出版
（北京市西城区德外大街83号楼9层　100088）
北京联兴盛业印刷股份有限公司印刷　新华书店经销
字数125千字　880毫米×1230毫米　1/32　6印张
2015年8月第1版　2015年8月第1次印刷
ISBN 978-7-5502-5342-1
定价：38.00元

联合天际Club
官方直销平台

contents

自序
我为什么用这么逗比的态度搞科普

    故事的主人公是一个塑料做的假人头，它的前半生是在一所教人洗剪吹的美发技校里度过的。然而，它一直向往着另一种更崇高的活法：献身科学。一天，它邂逅了两位研究人体运动的荷兰专家，于是，它的夙愿终得实现。这两位分别叫约翰·范·德坎普（John Van Der Kamp）和鲁文·卡纳尔·布鲁兰（Rouwen Canal Bruland）的科学家已经知道，正如写字时更偏爱一只手、踢球时更偏爱一条腿一样，人们在接吻的时候也会出现这种单侧化优势：当我们把爱人拥入怀中，两片朱唇缓缓贴近她的脸颊之时，竟然还会下意识地选择把头偏向某一边，要么喜欢往右，要么喜欢往左。而这个专家二人组希望进一步了解的是这种极少受到质疑的单侧化优势是不是和其他部位的单侧化优势相互关联（手、脚或主导眼）。因此他们不得不做一个实验来验证，首先要找到一个心甘情愿让自己的嘴被一干男女啄上好几百次却不会有一句怨言、更不会恶心到想吐的志愿者。这样一来，假人头当然是最理想的选择。

    这个假人头被安装在一个转轴上，可以使它以随机的方式转向右边或左边，安静等待一阵热吻猛扑过来。故事讲到这里，实验结果已经不那么重要了，不过我还是得揭晓答案，因为我已经看到你在那儿很认真地把脖子扭来扭去，想搞清楚自己更爱吻的是左边还是右边：72%的实验参与者在进行这种让两根舌头翻来搅去的活动时都是爱把头靠右的右撇子，并且他们对于这个偏向还很固执，轻易不肯更换姿势（而接吻时的左撇子则要更好说话一些）。根据这篇发表于《偏侧化》（*Laterality*）杂志上的论文，没有任何迹象显示，这种单侧化优势和人体其他部位的单侧化优势有直接关联。

可这个段子跟你现在捧在手里的这本书有啥关系啊？2010年10月份，我在我的博客上为大家描述了这个有趣的实验，这一讲可不得了，不正经科学的威力爆棚。从那天起，博客访问人数暴涨，点击量很快过了十万。我发现，只需一点点幽默和轻浮，就可以让大家平日里对科学的保守态度有所改观——保守态度一般有两种，要么是霸气侧漏地吼一声："哈，啥叫科学啊，我无知，我骄傲！"要么是这句饱含歉意的小声嘀咕："科学不是我的菜啦。"而不正经科学可以让他们从自己最偏、最硬，也最久的偏见里走出来，向新的对话者开放。在初中和高中阶段囫囵吞枣吃下去的公式已经给一些人留下了心理阴影，以至于他们根本不敢想象自己今生今世还能跟科学研究方法论扯上关系。而不正经科学恰好能给他们补上一课，让他们在科学面前不再抬不起头，说不定还能越学越开心呢。

几个月之后，《世界报》邀请我为他们每周的科学副刊开设一个专栏，这个接吻假人头又重新浮现在我脑海之中，于是我建议专栏名字就叫"不正经的科学",为通常很严肃的科学文献加上一点儿搞笑的色彩,同时用经典的普及方式,为那些一提到科学就浑身不自在的读者打开另一扇窗户。

专栏持续走红,第一本合集已经通过迪诺出版社(Dunod)于2013年出版,并且还摘得"科学味道奖"的桂冠。这个奖项由高等教育与科研部部长颁发,旨在表彰那些"帮助大家走近科学"的作品,让科学不再被看作是为学校选拔制度服务且常常很讨人厌的简单工具,而是变成一个通往世界和自然的出口。

您现在捧在手上的这本书是《不正经的科学》专栏的第二本合集,配图依旧由玛丽昂 · 蒙田(Marion Montaigne)操刀。我们的目标和第一册一样,那就是"先让你发笑,再让你思考,最后让你明白为什么科学方法能够解答这么多荒唐又搞笑的问题"。在科学的世界里,也能找到很多可爱的"逗比"哦,甚至还能学会怎么接吻呢!

1. 唉，这支笔是怎么钻进我膀胱里的？

不正经科学的作者可不都是科学家哦，在医学领域，执笔的其实常常是病人。2000 年发表在《泌尿学学报》（*The Journal of Urology*）上的这组让人大开眼界的专题论文就可以作证，这组文章把人类可以对他们的尿道犯下的罪行通通清查了一遍，1755 年至 1999 年间，不少于 800 个病例被细细地筛出来。这篇文章的作者——来自于加州大学的两位医生通过观察最先得出的结论是："置于尿道周围及其内部的物件种类之广之杂，真令人叹为观止。"

他们说，所有受尊敬的泌尿科医生，都盼望着能在某一天拯救出一根内缩的阴茎。可是这根"小黄瓜"怎么会内缩呢？一种可能是性游戏玩过头了，而另一种可能则是他某个烂醉如泥又爱捉弄人的好基友突然脑洞大开，不知从哪儿找到了一只空酒瓶，想试一试瓶口的新用途。还有一些迷信的新娘，洞房花烛夜里把新郎那根簇新簇新的"小黄瓜"生生给套进一个环里，据说这项举措能够有效防止"小黄瓜"在该硬的时候硬不起来，但最终却总是先招来了救护车。医生还要和那些爱敲敲打打的装修工打交道，他们常常把自己的命根子卡在螺母、汽缸、各式各样的管子、金属密封环、顶针、滚珠轴承、胶带卷、自行车的小齿轮，还有扳手里面……

　　以上列举的都是发生在尿道外面的故事（当然这样的故事只能发生在某一类男性身上，嘿嘿，我好坏），我们其实还可以在尿道里面做游戏，这根直通膀胱的、用于排泄尿液的管子有时候会变身为市政厅百货公司的小卖部：针、签字笔、钓鱼钩、锥子、紧身胸衣里用来支撑的鲸骨、烟斗吸管、火柴、电线、剃刀片……琳琅满目，应有尽有。可是它们真的能被塞进尿道里吗？必须的啊！餐桌艺术在这里也尽显无疑：鱼刺、开心果壳、丛林狼肋骨、45厘米长的蛇（没有头）、葡萄树枝、刀柄、四齿餐叉，另外，还有饭后要用到的——牙刷。有时候为了避孕，有一些特别富有想象力的人用口香糖或者是热蜡堵住尿道口以防止精液喷出。

　　在膀胱里找到的物体的丰富程度不亚于刚才列举的那些。研究报告里阐述的原因是这样的：人们原本是想把尿道里的小玩意儿取出来，结果弄巧成拙，把小玩意儿又往里面推了一点儿。在这些新奇玩意儿的清单上，我们可以找到小香水瓶、温度计、蜗牛、鼻涕、蚂蚁，还有松鼠的椎骨。在《泌尿学》杂志上刊登的这篇文章中还讲了这样一则趣闻，一个智力发育迟缓的21岁小伙子，一不小心把一个塑料青蛙给滑到自己膀胱里去了。他的收养家庭里没人相信他的话，结果一年之后，年轻人去做了次X光透视，大家才终于确定

唉，这支笔是怎么钻进我膀胱里的？

啥意思？

这是一次小小的个人收藏展。

泌尿科，吉奥医生。

他的膀胱里的确藏了一只青蛙。

可不是所有病人都像这位小伙子这么实诚。大部分情况下，他们会装作自己什么都不知道，好像那些东西都是神灵趁他们不注意偷偷塞进去的："医生，小狗才骗你，我真的不知道这条狗鞭是怎么钻到我的膀胱里去的。"

2. 人的性欲也有季节性?

春天到了,至少在地球的北半球是这样。对于无数的植物和动物来说,繁殖这件事也随之回暖。然而对于智人这个物种来说,是否也是如此呢?智人是一种拥有超能力的生物,他们想什么时候发情就什么时候发情,想什么时候做爱就什么时候做爱。那么,对于这个物种里的美丽花草和粗野畜生,求偶和交配是否也存在一个季节性周期呢?

在过去,科学已经在为这个问题的肯定答案添砖加瓦。美国很多人口学分析资料显示,每到夏末会有一次生育高峰期。专家们也由此推导出 12 月会有一个交配高峰,也许是因为天冷了,让夫妻们不得不躲在被窝里相互取暖。每当公历年开始之时,流产的曲线就会上升……关于初夜时间的调查也确认了人们对于冬天的偏好,但同时指出它的第二次波峰会出现在 6 月。而避孕套的销售也在一年中呈现出两次波峰,第一次接近圣诞节,第二次是在夏初,这是被

5

称为"假日效应"的著名现象。6个月的季节循环同时也会在性病医生那里出现，生殖器疱疹、梅毒和艾滋病的确诊在冬天和夏天开始的第一个月最为常见。

为了得到有效的数据，这些统计学的工具需要花费好几年的时间进行监测。2012年，两位美国专家提议用一种更加快速的手段来侦测大众改变性欲生物钟的行为，要知道这些改变可能会影响到他们的健康状况（有传染性的性病，意外怀孕）呢。互联网在拥有现代化装备的国家里已经变成了最重要的皮条客，这个专家二人组想要仔细研究那些在 Google 搜索框中被输入的请求，而研究主要集中在这三个领域：色情电影、卖淫以及通过征婚网站寻找伴侣。

在两位作者发表的《性行为档案》(*Archives of Sexual Behavior*)一文中，他们亲自监测了人们在5年中输入 Google 搜索框的此类词汇的发展历程。文章中出现了我们极少在科学文献中看到的词，"XXX""奶子""X 视频"，当然不止这些，但出于礼貌（当然主要还是因为字数限制）我只能列举这么多了。为了确保被观察到的这个趋势不是由谷歌使用方式的改变造成的，一些和性无关的对比词汇也参与进实验中来。有一些是动物名称，比如"狗""猫"［但没有"小猫"chatte（法语中又指阴户），这属于前面那一类词汇］或者"仓鼠"——希望动物爱好者只是一小部分人，另外还有一些汽车词汇，"轮胎""刹车"和"喇叭"（但没有"胴体"châssis

这个词）。*

　　监测结果确认了这样一个事实，那就是人类性欲也有季节性。它在春天和秋天坠入低潮，在圣诞节和夏初爬上高潮。可是别忘了哟：下一次，当您在搜索框中输入"大奶子""包小姐"或者"急寻男炮友"时，您也将成为科学研究的对象。

---

* 　这里作者玩了两个文字游戏，chatte，既可以指小猫，也可以指女人的阴户。châssis 既可以指汽车底盘，也可以指女性胴体。——译者注。书中脚注均为译者注。

3. 禁欲者的胡子会长得慢一些吗？

早知道，鲁滨孙·克鲁索就应该好好珍惜他的生存条件，做自己的"小白鼠"，搞一搞科研。这个结论是人们在读完不正经科学发表在 1970 年《自然》杂志上的一篇力作之后得出的。文章作者是谁，我们一无所知，唯一能确定的信息是，他性别男，职业是科学家，在文章发表前的两年中曾"多次孤身一人在一座与世隔绝的孤岛逗留"。他在孤岛上到底搞了哪些研究我们也可以忽略不计。《自然》杂志中，小伙子的真名被隐匿了，只有一个代号叫 Anon（Anon 是英语中匿名 anonym 的缩写），他发现：当他一个人独处的时候，胡子的生长速度比平时慢（可见一个人在孤岛上得有多无聊，才会蛋疼到观察胡子生长的快慢）。

小伙子对这个观察结果很好奇，也想确定孤身一个人的生活没有把他的脑壳整坏，于是他发明了一套实验流程来验证自己的这个发现是否为真。每次动身去孤岛前，在孤岛生活时以及从孤岛回来

禁欲者的胡子会长得慢一些吗?

亲爱的,
我和你正好相反。

我见你次
数越少,
我的毛就
长得越多。

9

后，他都会小心翼翼地把电动剃须刀头里的胡须清理出来，然后称一下这些胡须的重量，单位精确到毫克。并且，他也把自己在每个时期里日常生活的强度划分成 0～5 六个等级，这些日常活动包括：体育活动、精神活动、饭菜质量、紧张程度、睡眠，还有……性生活。最后加上的这项活动估计直接导致了他要匿名。在每次实验结束之后，我们的这位科学家都会画出胡须重量曲线图，并且还在图上的某几个日期上标出一个羞涩又可笑的符号♀。这个象征了女性的维纳斯符号标出了 Anon 有性生活的每个时间点——通常是他就要自愿流放的前一天以及他流放归来的后一天。这科学家是白当了，至少，他还是个男人。

但当 Anon 把收集到的所有数据联系起来之后，他确定，只有一件事情能够解释为什么他的胡子会在他客串鲁滨孙的时候长得更慢：缺女人。每次重回大陆，性生活恢复之后，他的胡子就会开始疯长，而且回家的前一天晚上也一样，好像幻想即将开始的"啪啪啪"也能刺激他的毛囊。如果从 Anon 的故事里依然想象不出禁欲一段时间之后重新见到女人的小动作，那请读一读这句话："亲爱的空中小姐，眼神请不要这么勾魂，我的汗毛都要勃起啦！"

对于这位科学家来说，真相已经大白：性生活（或者是对性生活的预见）导致睾丸素分泌增加，这将会显著加快由荷尔蒙控制的胡须的生长速度。Anon 之后又再次验证了自己的猜想，他吃了含有不同激素的药丸以及安慰剂，同时每天都为剃须刀里倒出来的胡须称重。

　　然而，即便 Anon 已经这么小心翼翼，可还是免不了有几个科学家看了这篇论文之后觉得头发好像被人扯住一般浑身起疑，即使不是头发被扯，至少也得是胡须被扯。于是，那些恨不得把一根头发切成四份来看的质疑者的信纷纷飞到了《自然》杂志社。有一个人想知道 Anon 那个实验的细节，以确认他是不是每天在同一时间仔仔细细地刮下了胡子。还有个人问了同立毛肌相关的问题。第三个人觉得这个实验结果完全有可能是由一个失误造成的：Anon 在和女性亲密接触前下意识地多刮了点儿胡子也说不定呢。

6. 烤猪肉也能捏成一把好乳！

《外科教育研究》（*Journal of Surgical Education*）旨在让外科手术从业人员或者以从事外科手术为志向的人能够了解行业的最新进展，这是一本非常严肃正经的杂志。但是"不正经科学"的天赋是在最不苟言笑的科研论文里插科打诨……所以，必须先翻出 2012 年 5 月至 6 月的那期杂志，把署名为东部弗吉尼亚州立医疗学校的美国研究团队那篇十分美味诱人的文章给找出来。这篇论文的目的是想帮助外科医生在乳腺超声检查这项精妙的技艺中得以精进。

如果我们相信文中所述内容，会知道外科医生越来越多地使用超声检查这项技艺，要么是为了观察乳腺的病变，要么是为了在活组织检查中给自己找一些线索。但是如果是外科医生实习生，在求学期间，他们已经习惯使用超声检查设备，却极少有机会用手对真正的女性乳房进行触诊，因为在医院挂号的小窗口前，绝不会有摩肩接踵的志愿者跃跃欲试。在论文作者看来，在模型上进行自我训

烤猪肉也能捏成一把好乳！

臭小子，你对我的烤猪肉做了什么？！

练也同样有效。最近几年，大部分的试验会在明胶做成的模型上或者是用来做水果馅饼的面团上完成，而最新的流行趋势是用鲜肉做模型：一大坨火鸡肉*——对那些大男子主义者而言，好像也很符合逻辑，还有猪肉，不过这个估计就不怎么讨他们喜欢了。

在这项研究中，来自弗吉尼亚的医生们选择了第二种肉。如果你想要自己在家做一下他们的试验，得先弄点儿烤猪肉哦，这块烤猪肉将会被你称为 LOLO，这是为了纪念洛洛·法拉利（Lolo Ferrari）——她那傲人双峰可是整形手术史上的一座丰碑。然后把烤猪肉切成不太厚的块儿（B 罩杯大小吧），再填上馅料……馅料是塞了辣椒酱的橄榄，它们是代表要被检测出来的乳房结块。橄榄这样的小个头水果其实和胸部检查时发现的结节大小很接近。而辣椒酱有两大优点：它们反射很少的超声波，并且能帮助超声波更准确地锁定目标，因为它醒目的红色能让人即刻判定活组织检查法是否成功。当橄榄在猪肉里安装完毕之后，医生会用一根尼龙线将开口缝合，为了有更逼真的效果，还要把这块猪肉最尖的部位放在上面，并且，还会拿出一张超声波图像给它看，只是这些图像经常会看起来更像菜谱。

而后，科学家们召集了二十几个外科实习医生，不是叫他们吃饭，而是让他们检查一下 LOLO。在第一环节中，每个人都应该在 5 分钟之内通过超声波检测仪给 10 个橄榄定位。结果是：平均被找到

---

* 法语里火鸡有"蠢女人"的意思。

的橄榄个数为 9 个，平均用时为 3 分零 9 秒。第二环节中，还必须在超声波的引导下进行活组织检查，找出在其中某个橄榄中包含的辣椒酱。这项练习明显更难了，只有一半的外科医生学徒找出来了，其他人要么是没找到那个橄榄，要么只能提取出一小块橄榄。

几乎所有的实习生都觉得从这项练习中学到很多并且模型也很逼真。所以说，烤猪肉真是捏得一手好乳（反过来说就不行了）。医生们还说，这种胸啊，实用又不贵，因为"如果在练习间隙把烤猪肉放在冰箱里冻起来，还能重复利用好几次呢"。

5. 活塞运动真的算一种运动吗？

不正经科学就是"不羁放纵爱自由"，而正是因此，大家才总能一眼就将它认出。没有什么能够阻挡它，哪怕是被视为禁忌的隐私和房事。举个例子，你也许对那位名叫吉尔·布润德列（Giles Brindley）的英国科学家还记忆犹新，1983 年在拉斯维加斯举行的泌尿学会上，他面对着在场所有目瞪口呆的观众，毅然决然地褪下内裤，只为了想让大家看一看自己的小弟弟被注射罂粟碱后爆发出的非比寻常的力量，并由此开启了"药物治疗早泄"的先河。你也不会忘记这个实验，好几对伴侣为研究性爱过程中的阴毛交换做出了巨大贡献，进而促进了刑事科学技术的发展。今天我们要谈的是 2013 年 10 月发表在美国《公共科学图书馆期刊》（PLoS ONE）上的这篇文章，一个加拿大研究团队为这个经久不衰的谜题揭晓答案，那就是：活塞运动到底算不算一种运动呢？

这真的不算是什么新话题，至少在半个世纪之前，科学家们就

已经在尝试测出爱侣们在"嘿咻"时到底要一起做多少功。1966 年，汇集了将近 700 位下至 18 岁上至 89 岁的志愿者的一项研究在经过 11 年的观察（还真得这么长时间）之后，证实了人们在进行那项活动时，心率和呼吸频率都会增加，并且动脉血压会升高。紧跟其后的其他实验还配备了心电图监测仪和耗氧量测量仪，却从未测量出人在做爱过程中到底能消耗多少卡路里的热量。

我们的加拿大医生团队指出，前辈们的"实验方法存在着重大局限"。首先，所有实验都是在实验室中进行，远离了人类这种大型灵长类动物的日常起居环境。其次，当时的实验器材早已无法适应现代人"啪啪啪"的节奏，除非有人就好这口，喜欢戴着面罩相互爱抚，或者是干脆借着心电监测仪上伸出来的电线捆绑、抽打同伴（SM）。因此，这些老古董都有点儿碍手碍脚，很可能让实验中所需要的自然冲动被扰乱。（尤其当有人躲在窥视窗后面监视，生怕你把仪器搞坏的时候）。

因此，必须学会更尊重实验对象的隐私。所幸，现代实验器材已经愈发迷你化。这项研究中，有 21 对身强体壮的年轻异性恋伴侣被招募进来，他们的任务是在一个月内，每周做一次爱，当然别忘了佩戴一个简单的臂式监测仪，来测量能量消耗和做功多少，以分钟为单位。完事后，"小白鼠"们还要填写一张关于疲惫程度和兴奋程度的问卷以及在跑步机上跑上半小时，作为不同类型的运动参照。

第一周通常都是最激烈的（也许也是想把自己的看家本领都

活塞运动真的算一种运动吗？

拿出来让专家看看），可惜，激情慢慢就退却了。一个月之后，让数字说话：房事持续时间在 10 到 57 分钟之间，平均为 25 分钟。男性平均每次消耗 101 大卡，而女性平均每次 69 大卡，相比之下，在跑步机上奔跑半个小时后，男性平均燃烧 276 大卡，而女性平均燃烧 213 大卡。好吧，如果你准备参加奥运会，那老汉推车、传教士、男耕女织、琴瑟和鸣、曲意逢迎、山羊对树可不是最好的运动选择哦。

6. 鼻子不好使是否会影响性生活?

对于嗅觉缺失症患者来说，钞票是没有气味的，其他东西也没有。嗅觉缺失症意味着嗅觉的部分或完全失去。在日常生活中，这些人更容易成为一些家庭安全事故的受害者，因为他们闻不出厨房里泄漏出来的煤气，当住所或是房屋起火时，也闻不到烧焦的味道，也无法辨认危险品（氨水、次氯酸钠溶液等）或者变质的食品。他们也无法全方位地品评某种食物，因为，气味和口味一样，是构成餐桌幸福感的重要部分。不过，他们失去的不仅仅是饕餮的大快朵颐，还有肉体交缠的酣畅淋漓。

《生物心理学》（*Biological Psychology*）杂志2013年2月刊登了一篇来自于德国的论文，论文中研究的是嗅觉减退或缺失是否会对患者的性生活造成影响。这个问题乍一看笑死人，因为人类已经很久不用通过闻屁股来结交朋友了。但这并不意味着嗅觉在社交生活中不再具有任何意义，它依然可以是智人这个物种下的成员之间毫不起眼却又出人意料的交流渠道。

那嗅觉缺失症和性之间有什么关系呢?这个研究的发起者们召集了32个患有先天性嗅觉完全缺失症的患者,另外还有一组人做对比证人。参与实验者回答了一份问卷调查表,关于日常生活里和嗅觉相关的活动:三餐、家庭安全事故、个人卫生、性经验史。第二份问卷调查表则是为了赶走抑郁情绪。很令人惊讶的是,嗅觉缺失症患者的艳遇数量只占拥有健全嗅觉者的五分之一。

专家们的解释好像打台球时一杆下去三球进洞一样刺激。他们认为,在社会交往中,因为身有残疾,嗅觉缺失症患者很少会感觉自在:他们担心自己有体味,因此尽量避免和其他人一同进餐,并且在一种感觉缺失的情况下,他们觉得很难对同类做出正确的评断。所有这些因素都让嗅觉缺失症患者变得不爱交际,"他们的性活动很少会是一种探险",这也复述了这项研究的美好目标。换一种说法就是,闻不到味道会导致男性变成一个笨拙的追求者,这并不是因为闻到味道可以帮他们把妹,而是因为闻不到味道让他们自卑。

对于女性而言,情况则不一样。即便她们闻不到男人的味道,也并不会减少艳遇次数。不过,我们知道,对于女性而言,雄性动物的体味是她们选择伴侣时的一个重要参考,也许她们可以从气味中发现健康的征象。患有嗅觉缺失症的女性并不是一点儿都没受到影响:研究表明,当她们和自己的伴侣一起生活时,她们的伴侣给予她们的安全感明显没有嗅觉健全的女性强烈。而从进化的角度来讲,女性在男性身上寻找的正是这种安全感。闻不到味道,她们不敢确定自己是不是选对了那个帮助她们的投资获得收益的人，这个投资指的是怀孕和孩子的教育，既投入了时间也投入了精力（前者需要 9个月，而后者则需要 25 年）。当伴侣身上散发出酒精或者另一个女人的香水味时，她们也会被蒙在鼓里。

7. 男人为什么都想成为肌肉男？

"儿子，把你的特种部队玩具借给老爸用几天吧，我的研究需要它们。我以科学的名义请求你牺牲一下。"1998年由四位美国学者发起的这一实验很可能就是以这段对话开始的。这四个人对男人看待自己身体的方式很感兴趣，并且，也相信除了那几句很老套的"我很丑""我头发快掉光啦""我的小弟弟太小了"之外，出现了一个新的怨男口头禅，那就是"我的肌肉不够发达"。这其实也叫矮丑矬情结。

这几位专家想知道男人到底是如何形成对理想身材的刻板印象的：什么是好身材？好身材就是腹肌、胸肌、臀肌、大腿肌都壮壮的。我们已经知道女性杂志对女性审美的影响，是这些杂志推动了女士对"要么瘦，要么死"的永恒追求：很多研究表明，杂志上模特的腰围在20世纪下半叶期间在不断缩小。因此必须搞清楚到底是什么文化让健美的欲望植入了诸位先生的大脑。到底多亏了谁，这些小男孩才会一脸无辜地脱掉现代阿波罗们的衣服，细细打量之后，还会兴致勃勃地抚摸它们呢？当然是林林总总的玩具企业和那些关节能活动的玩偶啦。因此，专家们决定开始一项研究，专注于上个世纪的最后几十年里这些玩偶的体型变化。为什么是它们？因为和卡通里的英雄人物不同，玩偶的肌肉围度是可以测量的。

　　为了了解在哪些玩偶在 20 年间已经过气，专家四人组咨询了几位玩具专家（玩具专家不仅仅是他们的孩子哈……）。他们只留下了那些数次名列全美最畅销的 10 件玩具，以此来确保它们对全美的小男孩产生了影响，还必须将非人类玩偶从名单中去掉（永别啦，忍者神龟和土豆先生！）。在这次盛大的选角活动结束之际，两种产品被最终选中：一个是 1964 年上市的特种部队系列，另一个则是 1978 年上市的星球大战玩偶。

　　他们测量了不同时代的特种部队玩偶的腰围、胸围以及肱二头肌的围度，然后把这个比例放到一个 1.78 米的男人身上。在第一版中，这个塑料特种兵在现实中不过就是兰博（美国电影人物）的身材，他的腹肌几乎都看不见。然后呢，这种特种兵很快就被遗忘了，几十年过去了，特种兵的身体越来越肿，他的胸围竟然最终达到了 1.39 米，而肱二头肌的围度也达到了 68 厘米。这三围可以和使用了合成代谢类固醇的健美先生相媲美。星球大战玩偶的衣服脱不下来，因此无法再次进行这样的测算，但专家们还是亲眼看到在这 20 年间，卢克·天行者和韩·索罗在塔图因星球上可没少花时间练举重。

　　某些女性有芭比娃娃情结，而这个情结让她们走向了节食或者

男人为什么都想成为肌肉男？

芭比？

芭比？

?

是整形手术，以让自己拥有和这个著名的玩具娃娃一模一样的三围。而某些男性很有可能也存在着特种部队情结，他们对于完美身材的认知扭曲导致了饮食失调。这篇论文 1999 年发表在《国际饮食紊乱症研究》（*International Journal of Eating Disorders*）上并不是一个巧合哦。

8. 为什么只有人类女性的乳房是隆起的？

　　在灵长目的所有动物中，智人的雌性有一种特质，那就是终其一生两只分泌乳汁的器官都会保持巨大的体积。把话说得更明白点儿就是，女人的乳房总是会很显眼，无论是在生孩子之前，还是在生孩子之后。可是，如果女人变成母猴子，巨大的乳房就会自动消失，当然也不一定是要变猴子，如果她不想让内衣制造商发财，乳房也会变小。所以一直会有这样一个谜等待被解开——为什么女人的乳房一直都能保持丰满呢？有好几位专家想搞明白到底是怎样一种进化优势导致了人类女性能一直拥有傲人双峰。

　　关于这个谜题的所有猜想中，有一些是人尽皆知的：乳房是性成熟和生育力的标志。然而，在 1967 年出版的《裸猿》这本书中，英国的动物学家德斯蒙德·莫利斯（Desmond Morris）展示了一个更为大胆的线索，他假设，当男性在性行为中不再是从身后跨骑在女性身体上时，这个变化会让男性下意识地偏好乳房丰满的女性，因为这会让他们联想起她们腰后鼓起的那两片圆面包。这和我们对娃娃脸的怀念可是一样一样的。

发表在 2013 年 3 月 6 日《公共科学图书馆期刊》上的一篇论文则另辟蹊径，从社会经济学的角度来研究这个问题：一直隆起的乳房内有一定的脂肪储备，它们代表了一个女性发现食物的能力。所以，它们想对你说的话就是："我存了好多粮食，你好好吃吧。"为了确认这样的假设，这篇论文的两位作者——一个马来西亚专家和他的英国同事，认为贫穷的人在食物来源不确定的情况下会比富人更加容易被大罩杯的女性吸引。

因此他们在马来西亚的沙巴州雇了三组男性作为研究辅助部队，第一组由生活在首都的干部构成，第二组由生活在小镇上的农场主构成，第三组则由生活在贫穷村落的农民构成，专家向三组人展示了五个版本的 3D 女性形象，他们可以 360° 无死角地旋转图片，以欣赏这位女性的身材，她身上的比基尼只是几片小碎布。五个版本都有所不同，虚拟胸部的大小都不一样，既有太平公主，也有大波女神。结果显示，一个人越穷，就越容易被浅口胸罩吸引。对于这篇论文的作者而言，恕我引用一下他们的原话："胸部是卡路里存储量的指示器。"身上长的肉就好像可以抵押马上能吃到的饭。

但是，为了确保不同社区中不同文化之间的差异不会影响到这个结果，两个专家在一个英国大学的食堂里完成了第二次实验，这个实验场所可以保证社会环境的统一。他们想要知道的是饥饿是否会影响到男性对大胸的渴望。专家们向食堂里的学生展示了

为什么只有人类女性的乳房是隆起的？

五个版本的虚拟女性（都完全符合西方审美的标准），而这些学生中，有一些已经饿到前胸贴后背，马上就要开始吃晚餐，而另一些酒足饭饱，即将离开。每个人都必须指出哪个版本的女性更吸引他们。之前的判断被再次验证：饿肚子的男人更爱大胸女。

9. 女人会在意自己私处的尺寸吗?

比较小弟弟的尺寸可是全世界足球运动员和橄榄球运动员在更衣室里的保留项目。即使某个男人对自己的器官不是那么满意,他依然有唯一的一次机会来确立属于自己的"三件套尺寸标准"以及自然变量。不要沉浸在肉眼的观察啦,让科学来代替它们说话:一项简练的研究报告指出,最早发表的和这一重要议题相关的研究可以至少追溯到 1899 年,并且在这一百多年间,在武装了裁缝用的米尺之后,不同学派的杰出*成员开始倾向于转变为另一种学术风格的学派下的优秀**成员。

一方面我们对皮埃尔·佩雷(法国著名歌手和作家)在歌中唱

---

* 双关语,法语中的 éminent 除了杰出的意思,还有"突起的"这样的含义,这里也可指代男性生殖器官(书中脚注均为译者注。)
** 双关语,法语中 proéminent 有"出类拔萃的,优秀的"这样的含义,这里也可以指代隆起的女性乳房。

的"小东西"和"两个孤儿"的标准尺寸已经有了概念,另一方面科学和女足球运动员的更衣室却对女性生殖器官的"标准尺寸"缄口不言。而这也是五位英国的妇科医生(她们都是女人)2005 年发表在《国际妇产科期刊》(*International Journal of Obstetrics and Gynaecology*)上的一篇文章所思考的问题。在深入主题之前,笔者必须向诸位纯洁无瑕的读者预告,论文中将使用一个包含五个字母,以"va"开头且以"gin"结尾的单词。这篇论文无心惊吓任何一位读者,也更不想惹来什么报复,尤其是作者们已经听说了这样一则新闻,在爱达荷州某所中学任教的一位老师,因为在一堂生物课上面对一群 15 岁的学生说出了这个词之后,于 2013 年 3 月遭到了学生家长的指控。

让我们回到这项研究上来吧,总有一些女性认为自己的私处不够完美,想通过整形手术(通常是阴唇整形)来改变它们的形象。而这几位妇科专家想要弄清楚的是什么才是外阴和阴道的标准尺寸,为此,必须要亲手测量一番。说做就做,她们请求自己的女病人协助完成实验。50 位年龄在 18 ~ 50 岁之间来自不同人种的女性同意成为标准测量组的成员,她们之中一些有性经验而另一些没有,一些已经为人母,而另一些在服用避孕药。

这些志愿者在接受麻醉术之后,医生们开始测量这被布拉森斯称作"无与伦比的幸福工具"的所有数据,既有外部数据,也有内部数据。一切都被记录了下来,包括颜色、粗糙程度,也没忘记毛发情况。最终,研究者们得出了这样一个结论,正如她们的男同胞那样，女性生殖器官也是千变万化，贻贝（又指女性生殖器官）可不止一个模子。文章中还说到，很多没有任何器官异常的女性都曾接受过整形手术，这些手术可不是随便做做的，触摸这样一个神经和血管都极其丰富的部位，很可能会使它失去原先的敏感并降低女性在性生活中的快感。

研究者们推测，色情图片（大多是 PS 过的）以及整形手术的泛滥会导致大众对身体的这个部位产生一种扭曲的刻板印象，某些女性因此多了一种情结，而某些自比洛可·希佛蒂（意大利著名色情电影男星）的男性也被这种情结害得不轻。

10. 穿苏格兰裙会不会让精子的质量提高？

人类正面临严重威胁。什么威胁？到底是什么威胁呢？原子弹？全球气候变暖？经济危机？兹拉坦·伊布拉西莫维奇（巴黎圣日耳曼俱乐部球星）？都不是啦！威胁就藏在裤子里，更准确一点，裤子就是威胁。还是给你们解释一下吧。四分之三个世纪以来，好几项研究都指出人类精液质量正在下降，尤其是精子的密度。造成质量下降的原因多种多样，但某些专家控诉的对象竟然是衣服。

为了理解他们的逻辑推导过程，就必须知道诸位先生制造出来的精子是非常脆弱的。就好像有些好酒必须在某个非常精确的温度下才能保存一样，正在形成的精子更喜欢34摄氏度，而这比人类标准体温要低3摄氏度。于是我们就更加理解为什么大自然夫人会把精子的生产外部化（哼，就算你求我，我也不会在这里配图！）。所以当男人们像皮埃尔·德普罗热（Pierre Desproges 法国著名幽默作家）说的那样，光着身子在疯狂的大草原上无忧无虑地蹦跶的时候，一切都好。但后来，诸位先生还是穿上了衣服，并且裹了一层又一层，它们的名字叫作长裤、紧身长裤、衬裤、内裤、蒂罗尔人的贴身平角短裤。曾经惬意地享受着自然空调的睾丸一下子遇到了重重障碍，而这些障碍都是精子的大规模杀伤武器。正因为此，2013 年 2 月，欧文·科姆潘吉（Erwin Kompanje）医生提出了这样一个问题，能不能用苏格兰裙拯救人类呢？而这篇文章也只能发表在《苏格兰医学研究》（Scottish Medical Journal）上了。这位荷兰专家首先引用了一位名叫马里昂·苏兹贝格的英国医生的话，这位医生非常羡慕苏格兰人，因为他们可以穿着传统服装，让自己身体最私密的那个部位"在高地凉爽的清风中摇晃，而不必挤在一个又闷又热又狭小的普通男裤里"。为了拯救精子，请把它们放养在户外吧。"追击短裤，干死长裤！自由阴囊万岁！"人们大声疾呼，滑稽地模仿着戴高乐将军！

欧文·科姆潘吉在报告中指出，人民的智慧是无穷的，穿上苏格兰裙，男人就摆脱了内裤，提高了精液质量。然而，两项以苏格兰人为实验对象的研究却显示，苏格兰男性的精液质量也在下降。但这也许是因为这个地区的男性早在 20 世纪 50 年代就已经抛弃了这种传统服装。文章还强调："因为年轻的苏格兰男性经常穿裤子和紧身内裤，所以他们现在和欧洲其他国家的年轻人没什么两样。"他在数据库里翻来找去，结果还是白忙活了。至于穿着苏格兰裙会带来什么好处，科学一直没有说话。

因此，欧文·科姆潘吉决定发起一项大型实验来验证自己的猜

穿苏格兰裙会不会让精子的质量提高？

想：召集两组男性作为辅助部队，第一组人的两只睾丸可以自由悬挂在空中——因为穿着传统的苏格兰服饰，而第二组人则身穿长裤。两组人都同意让专家每天测量一次他们的阴囊温度。在一段时间之后（但这段时间到底是几个星期、几个月还是几年，文中没说），两组男性的平均精液质量会被对比。我们会知道答案的，那什么，有没有志愿者呀？

11. 口交也能受孕?

这次要讲的案例非比寻常,它于 1988 年 9 月发表在《英国妇产科与妇科研究》(BritishJournal Of Obstetrics And Gynaecology)上,距今已有四分之一个世纪。刚读到论文题目《口服受孕》时,你可能会以为是一个严重的印刷错误:文章的作者妇科医生杜威·维库尔(Douwe Verkuyl)说的应该是"口服避孕"吧,不是吗? 不,我们的眼神可没出错。

故事从一次可耻的斗殴开始,却以近乎奇迹的方式告终(一本科学杂志,基本上就是一个近乎奇迹事件的要塞)。我们回到了 20世纪 80 年代的莱索托,三个人被白刃凶器刺伤后被送进急诊室,其中两位男性,一位年轻女性——只有 15 岁,她是一间酒吧的服务员。我们不知道到底是谁动了刀,但必须处理这位年轻女士的伤口,她胃穿孔的面积正在逐步扩大。手术进行得非常顺利。

故事还没有结束……9 个月之后,依然是这位未成年少女,她再次回到了医院，还是因为肚子痛。而这次，匕首仿佛是从肚子里面一刀一刀有规律地戳着她。很显然，这个姑娘并不知道自己怀孕了，而她的肚子痛其实是因为小婴儿马上就要出生而引发的规律性宫缩。医院为她施行了剖宫产，一个 2.8 公斤的男婴出世了。你们可能会说，这有什么稀奇的呢。有一个细节还没说：必须为她施行剖宫产，是因为这个姑娘有一个生理缺陷，她天生就没有阴道。因此，她就不可能与人发生性关系。那么问题来了：那这只小精虫到底是从哪儿钻进子宫帮助孕育出小婴儿的呢？

为了解开这个谜团，杜威·维库尔化身为侦探，重新回到了 9 个月之前那次白刃之斗。这个未成年少女解释说，因为她的生理缺陷，只能和男伴进行口交。在那个众所周知的日子里，她刚刚为两个问题男性中的一位——她的新男友完成一次口交，而这时，她那位被甩的前男友突然出现了，难免一战。受到夏洛克·福尔摩斯的启发，杜威·维库尔认为，当其他可能性都被排除了之后，谜底就藏在剩下的那个唯一的可能性中，无论这个可能性看起来是多么不可思议。这位妇产科医生猜想，滴有精液的那把刀在穿过胃部时一直伸进了伤者的子宫。这种口交之后受孕发生的概率非常小。在这两次事件发生的两年半后，这位医生告诉我们，之前有嫌疑的那位父亲终于认了孩子，两个家庭为了结亲交换了各自的牲畜。他总结道："孩子长得像爸爸这个事实排除了另外一种更为神奇的受孕方式。"

笔者情不自禁地联想起更为古老的一篇文章，它带我们回到了南北战争时期。在 1874 年的 11 月，《美国医学周报》（*American*

Medical Weekly）发表了一位来自密西西比的医生的来信，信中讲述了发生在 1863 年雷蒙战役中的一则逸闻。一枚子弹打进联盟国战士的睾丸之后，带它继续向前飞，最后落在了十几米远之外的地方——一个年轻女性的肚子里，而这位女性竟然因此怀上了孩子。这显然是一个恶作剧。故事被其他出版物冒失转载了之后，竟然一直存活到了今天，化作一段美丽的都市传奇。

12. 气孕是什么?

在丹尼·伯恩（Dany Boom）那场著名的脱口秀中，产科医生布塔格（Butag）向朗贝尔先生（Lambert）宣布他到底成了谁的爸爸：既不是男孩，也不是女孩；既不是兔子，也不是鲑鱼。呃，其实就是一团气体。跟您一样，我当时就震惊了。您妻子怀的这场孕，用医学术语来说，叫气孕。后来，我们发现助产士勒格律莫女士（Legruemeau，这是杜撰出来的姓，意思是乳房肿块）被婴儿出生时的大风给吹走了："朗贝尔先生啊，整整9个月啊，她怀了一肚子气，我不知道您能不能想象得出这压力得多大。"

但是布塔格医生没有告诉我们这种非同寻常的怀孕到底是由什么造成的。幸运的是，不正经科学可以填补这个空白。尽管这听起来是如此不可思议，但丹尼·伯恩在一汪荒诞不经的水中真的钓到了大鱼（也可以说是一条很逼真的鱼）。2000年，《美国腹腔镜内镜外科医师协会期刊》(*Journal of the Society of Laparoendoscopic*

Surgeons）上发表了一篇文章，研究的是气腹的几种特殊情况。这个很深奥的术语是指腹腔中存在气体。大部分时候，这是由某个部位漏气造成的：胃肠穿孔（比如溃疡，腹部受到猛烈攻击之后，或者是肠梗阻的并发症）。这个现象也有可能是由布塔格医生的某个笨拙的同事在剖腹或者是内窥镜检查法中的某次疏忽造成的。

但是，研究中还提到，这些解释对于一小部分病人是不适用的，而这部分病人全都是女性。她们的气腹另有出气口。作为解释，研究者特地举了一个例子，一位来急诊的 24 岁女性，她的腹部一直感到锐痛。在一系列常规检查之后（脉搏、动脉血压、体温，等等），医生发现她一切正常，而这位年轻女士也没有表现出其他病征，但超声波检查确认她的横膈膜下方有气体存在。这个病人可不是怀上了宝宝，12 个月前和 6 个月前她已经出现过两次气腹。每次都必须在腹部打开一个切口将气体排出。但是，没有人知道这两次气体到底是怎么进入腹腔的。

这一次，医生们想弄个水落石出。这几起异常是否存在着共同点呢？回答是："是的！"但有点儿尴尬。每次气腹产生前，这位病人都发生过性行为，并且过程中总包含一种改良版的舔阴：她的性伴侣（可能是男人也可能是女人）很可能是把阴道当成了风笛，不停地往里面吹气。别忘了，女士们可不是密封罐。子宫也并非盲管，它通过输卵管向外延伸，而输卵管的一头和卵巢相连，是个喇叭口，但这种连接并不严丝合缝，会有一点儿气压，空气可流通。

研究还强调这种口交方式是随着最近出现的性实验风潮而产生

的，但并非是无害的。如果女性怀孕了，那么它很可能会把人置于一种真实的危险之中，空气通过宫颈口进入血液，而这将导致致命的气体栓塞。没必要把女士们当成乐器吹出一支奏鸣曲：吹出来也不会变成欢乐颂。

13. 是什么决定了一粒睾丸的大小？

你听说过精子竞赛吗？这场竞赛完全是出于这样的考虑：在某些动物种群内，一些生活作风不好的雌性在爱的季节会同时和几个伴侣交配。因此，为了确保自己是娃的亲生父亲并且能够将自己的基因顺利传递下去，雄性没有其他更好的办法，只能增加自己的交配次数。这是为了不把所有精虫都投进一个篮子里。于是，它们纷纷奔向雌性，在雌性的体内播下质优的种子。可是，为了维持这样一项活动，它们必须拥有强大的精子制造能力以及足够的精力以让这个工厂维持运转。这简直就是个巨大的卡路里贪吃鬼。

但是，动物世界和人的世界一样，没有谁愿意在月末的时候支付一张巨额支票，因此必须节俭啊。可是，从哪儿削减开支呢？它们可是些既没有车，也没有热水器，更没有微波炉的小动物啊。科学的答案很简单：减掉其他器官。好的，可是减掉哪些器官呢？

2006 年发表在英国《皇家学会学报 B》（*Proceedings of the Royal Society B*）上的文章中讲到，一个美国生物学家团队关注了上百种蝙蝠。他们首先确认了这样一个剧情，根据这个剧情，我们可以知道雌性见异思迁的程度同雄性睾丸的大小直接相关。必须知道的是，翼手目的几种动物中，睾丸可占全身体积的 8.4%。打个比方吧，如果有一个蝙蝠侠的体重是 75 公斤，那么他的睾丸会有两个小保龄球那么大，想把它们塞进紧身裤可不容易。在验证了自己的猜想之后，这些专家想要知道能量协议是如何达成的。他们发现，一个物种中的雌性如果风流成性，跟谁都能来上一炮，原因是这个物种里雄性那颗一团糨糊般的大脑相对于身体的重量要比那些雌性严格遵守一夫一妻制的物种里的雄性要轻，就好像高出来的智商可以抵掉绿帽子一样。

我们还在发表于 2006 年的一项研究中发现了相同主题的一个变体，不过是在大西洋的另一边——《美国科学院院报》（*Proceedings of the National Academy of Sciences*）上。论文作者开始关注一种巨型甲虫，这种甲虫的某些雄性会长出一根长度可达身体总长度 40% 的硬角。这些角被它们用来阻止其他雄性进入雌性居住的小洞中，从而解决了精子竞争的难题。当然，还是会有某些没有角的雄性偶尔能侥幸混入后宫。但是问题来了：从能量协议的角度来说，这种像交易员一样的甲虫为了长出这么一种庞大的武器到底抑制了哪个器官的生长呢？

为了得出答案，专家们烧掉了雄性幼虫本应该长出硬角的部位。

结果发生了什么? 这些重新获得能量的小昆虫把能量又放在了能量紧缺的地方, 也就是说, 放进了……睾丸里, 真是灵活呀。由此, 我们可以推导出, 人类中的某些男性成员通过增大口径来补偿自己可怜的小工具, 但其实有一条大家不敢走的捷径。不管怎样, 科学也不会让兰博称一下他那三件小东西的重量。

16. 医生能给自己开刀吗?

不正经科学中最魅力四射的案例无疑是那些毫不犹豫以身试法的专家，他们敢在自己的肉身之上做最极端的实验。在这个专栏中，我们已经列举过那位罗马尼亚的法医，他为了完善自己写的一篇关于绞刑的研究，直接把绳子套在了脖子上；而那位英国科学家，在百般虐待自己的睾丸之后，终于明白了痛感到底是如何辐射到腹部的；还有那位英勇无边的法国人，毫不犹豫地喝下了黄热病人的黑色呕吐物，只为了证明黄热病不会通过这种体液传染。

不过，如果我们漏提了一项在 20 世纪初曾风靡一时的活动，这张表还算不上不完整，这个活动叫作：拿自己开刀。在"自己的事情自己做"系列中，有一些医生亲手打开了自己的腹腔，不是因为喜欢抚摸自己的内脏，而是为了确认当地的麻醉术是否足以支撑完成这一类手术，拿自己的身体做实验。拿自己开刀的医生们，不是得了阑尾炎就是得了疝气。除了美国人埃文·奥尼尔·凯恩（Evan

医生能给自己开刀吗?

给自己割完阑尾,再给自己割包皮。

剪子!

47

O'Neill Kane）——他这两种病都挨上了。

1921年，这个已经60岁的男人得了阑尾炎。原本，他的弟弟——同为外科医生的托马斯，应该为他执掌手术刀。然而，进了手术室之后，埃文却突然改变了主意，在众人目瞪口呆之下，他决定自己来给自己开刀。不过他也不是完全没有这方面的经验，两年前，他曾亲手剁掉了自己一根受感染的手指。

埃文·凯恩要了几个枕头来固定住自己的背部；同时他也必须在手术台上坐下——为了能看清楚自己的每个动作。他在腹部注射了一些麻醉剂——一种可卡因和肾上腺素的混合物，几分钟之后，手术正式开始。在此之前，他已经完成了几千例的阑尾切除术，因此为自己做的这台手术没有遇到任何问题，然而他却没办法让围绕在他身旁的惶恐不安的团队不感到害怕，特别是当他想再坐直一点儿的时候，一点点肠子从他肚子里流了出来，就好像他真的必须向大家展示他有肠子一样……一个助手帮他把肠子塞回了肚子，半小时后，手术结束了。

1921年2月16日的《纽约时报》报道了他的惊人之举，埃文在这篇报道中说他希望证明："这类手术可以在无须全身麻醉的情况下完成，而这个消息可以挽救成千上万的心脏功能衰弱的患者或者全身麻醉会引发其他严重后果的患者。"他还补充说："这个例子同样可以证明如果一个外科医生能够自己给自己做手术，那么其他的病人就完全没有理由在医生为他做手术时感到害怕。"这位来自宾夕法尼亚州的外科医生的故事在全世界的报纸上都上了头条。

11 年之后，已经是七旬老人的公民凯恩得了疝气。他再次决定——不过这次却并不是在最后一刻才下定决心——为自己开膛破肚。在手术室里，一位记者亲眼见证了这位外科医生的淡定自如，手术全程他都在和护士们谈笑风生。在手术最艰难的时刻，他还抛出了这样一句极具戏剧张力的话："这只是我必须面对的一道坎儿。"手术成功了，但是凯恩的身体却在术后虚弱了不少。三个月后，他患上了肺炎，这回，可没法拿自己开刀了。

15. 怎么识别一头猪快不快乐?

狗高兴了就会摇摇尾巴，猫生气了就要扑出利爪，兔子害怕了耳朵会趴下。在动物世界纷繁复杂的肢体语言中，我最想了解的其实是猪。在肉铺里断送生命化身为各式各样的美味佳肴之前，猪也会有自己的一小段猪生，也会有自己波澜起伏的情感。可是，猪到底有哪些情感呢? 大部分关于动物舒适度的研究都是针对恐惧和焦虑的情绪。可是，一定也会有快乐的猪呀。并且，还要知道怎么将它们从庸庸猪众中辨别出来。

在 2013 年 1 月 17 日发表在《生理学与行为》(*Physiology qnd Behavior*) 这份刊物上的一篇论文，一个来自于荷兰瓦格宁根大学的研究团队说他们设计了一个实验，目的有两重，一是辨别出猪在表达自己的感受时发出的信号，二是要知道这种情绪是否会在它同样深陷囹圄的小伙伴之间传播。我们知道在一些情境下抑郁会引发"情绪传染"，比如说，当牲畜被人类毫无愧色地虐待或运走，

怎么识别一头猪快不快乐?

快乐的小猪崽

不幸的小猪崽

当然，还有它们被送到屠宰场的时候。我们会想起即将被宰杀的猪那人人皆知且撕心裂肺的尖厉嚎叫声，直往你那已经塞了木塞的耳朵里钻。这些研究者想知道是否有更加精微的信号。

为了达到实验目标，他们让几个小猪崽子在不连续的七天里忍受一种苏格兰淋浴（冷热水交替）的变体，它们可能会有两种截然不同的遭遇。有时候，人们会在一个面积大于 10 平方米的猪圈里欢迎小猪崽们两两进入，用新鲜的秸秆、泥水澡还有全自助的各式小糕点来款待它们，简直就是猪之天堂啊。研究者显然没有把果酱给猪，但是他们藏了二十个包裹着巧克力外皮的葡萄干，这看起来是他们（研究者和猪）的最爱。而另一些时候呢，甚至连一点儿解释也没有，这些小猪崽子就被单独关进一间 3.3 平方米大小的单人牢房里，然后会有一种很讨厌的两足动物过来给它们戴上嘴套。每次实验开始之前，研究者们会向这些猪崽子释放一些"声光"信号，以使得在形成条件反射之后，它们有能力根据这个"电影片头字幕"预测到底是怎样的命运在等待着自己。

在所有的测试中，研究者们记录下了猪崽们高兴和焦虑的外在表现。在第一种情况下，猪崽子们表现出的行为跟狗崽子们非常相似。它们会摇摇尾巴，边玩耍边叫唤。而当猪害怕的时候，唱的歌可就是另外一种调调了：它们尖叫着，嗷嗷地呼号，屎尿俱下，尾巴和耳朵都耷拉了下来。而实验的最后一个步骤是把已经接受过命运洗礼的猪崽和对实验内容一无所知的猪崽放在一起，当"声光构成的片头字幕"出现时，第一组猪崽在第二组猪崽能够窥见到底是什么命运在等待着自己之前，就已经把自己的情绪传递给第二组猪崽了，尽管后者其实还没有机会到藏着巧克力葡萄干的猪天堂或是逼仄的单人牢房去见一见世面。

研究报告中说，甄别出畜生们的情绪信号能够帮助改善"大量聚集在单一圈中的牲畜的舒适度、健康状况以及表现"。务必把"表现"这个抽象的名词理解为畜牧产量——成熟奶牛的产奶量或者无压力猪的肉质。请记住，开心猪成就好香肠。

16. 人们会为了避税而更早死去?

有钱人的坏天气来了。"2013年,我们跟您收点儿钱。"这句话说得跟年度格言似的。法国财政部预计推出一项新的个人所得税,税率高达45%,并且也打算重启巨额财富税的费率表。同时,对高于100万欧元的年收入所征收的税也将被提上日程。为了避开税收的鞭笞,一些土豪突然找到了自己身上的比利时或瑞士血统,走上了流放之路。但他们忘了,还有另外一种更具独创性,也更加彻底的解决方案,那就是:死。

税收会影响到一个人生命中的大事件,比如结婚和分娩。为什么它就不能影响到死亡呢? 即使死亡的到来是不可避免的,但死亡的时间是可以变通的。有好几项研究表明,有些人能够微调一下自己的死期以保证自己能死在一个有象征意义的日子,比如说等到生日或者某个重要的宗教节日再死。还有例子:在2000年跨年的时候,我们观察到在1999年的最后一周死亡率明显下降,紧接着的是,在

人们会为了避税而更早死去?

2000 年初，死亡率暴涨，就好像这些走到生命尽头的美国人苦苦支撑只是为了能跨入带三个零的新一年。就像布拉森斯在他那首《遗言》里唱的：我们可以"踏上小学生走过的路，去往另一个世界"。

钱和有象征意义的日子同等重要吗？财政部和银行账户到底会对一个人从生到死的时间产生多大的影响呢？这么不靠谱的问题只有专家才提得出来……而这两个专家就是密歇根商学院的乔尔·斯莱姆罗德（Joel Slemrod）和英属哥伦比亚大学的沃依切赫·科普齐克（Wojciech Kopczuk）。在 2003 年 5 月份刊登在《经济学和统计学评论》（ The Review of Economics and Statistics ）上的一篇论文中，他们提出了这样的疑问，遗产税的变化是否会改变死亡时间分布。把话说得更明白点儿，就是每当发生遗产税改革的时候，有没有这样一种可能，遗产税提高，人们会倾向于死在法律正式应用之前；遗产税降低，人们会推迟自己的死期以便让他们的继承人少交一点儿税？

为了验证自己的初步判断，这篇论文的两位作者搜集了 1917 年至 1984 年间在美国发生的 13 次遗产税修改，其中有 8 次修改旨在增加遗产税，而 5 次修改旨在减少遗产税。每次修改，两位作者都集中精力查看法案生效前两周时间内发生的事情。他们仔细筛查几千例在这个时间间隔内去世的人，以确认死亡人数是否有显著变化以及这种变化同少交一些遗产税或者不再交遗产税的可能性是否密切相关。答案叫人有些不安：是的！为了节省 10000 美金，人们在这两周里死去的概率提高了 1.6%。

人们会为了避税而更早死去？

　　作者们承认，尽管这个现象存在，但是"证据还不充分"。他们对于"死期弹性"的发现很可能会受到这样一个事实的影响，那就是继承人在被继承人死亡时间上弄虚作假。而对于最近的几次改革，还存在另外一种更加厚颜无耻的手段：在遗产税增加之前自己动手，让家里的老太婆早点儿断气。

17. 新钞票比旧钞票更值钱吗？

　　圣诞节的购物狂潮会不会让你的生活变成一个悲剧？也许有一些心理学的小伎俩能拯救你于水火，除非，你只需点点鼠标就能把东西给买了或者你故意把原本塞在钱包里的刺儿头给扔了*。第一种心理小伎俩叫作"面值效应"，好几年前就已经被科学家证实了。这个效应和钞票的面值有关。如果您有一张5欧元面值的钞票，那么相较于您握着一把相同价值的硬币，这张5欧元的钞票会花得更慢些。如果您有一张100欧元的钞票，那么您会很讨厌把这张钞票兑换成5张20欧元的钞票，即使它们价值相同。在这里，人类心理的逻辑完胜数学逻辑。

　　但是还有一种比"面值效应"更加妙不可言、更加"不正经"、更加有效果的心理学小把戏。钱没有味道，可是钱有品相啊。在一

---

* 法语俗语，说一个人不爱花钱，就说他钱包里有海胆，海胆是一种浑身有刺的动物。

新钞票比旧钞票更值钱吗？

篇今年 10 月份发表在《消费研究学报》（*Journal Of Consumer Research*）上的文章里，两个专攻市场营销的加拿大专家对钞票品相的兴趣要远大于印在钞票上的面值。同样是 20 欧元的钞票，对您来说到底哪一张更值钱呢，是新钱还是旧钱？簇新簇新的那张还是沾满污垢的那张？干净卫生的那张还是裹满细菌的那张？脏钱（这里，请按照字面意思来理解"脏"）是不是比干净钱更烧手指呢？同等面值之下，到底是已经被转手无数次的那张软塌塌的旧钞票，还是就像新烤出来的面包一样从取款机里新鲜出炉的那张新票子更容易被花出去呢？

为了回答以上这些疑问，这两位专家设计了一系列的实验。第一组实验是让"小白鼠"们……玩一种字母游戏，将一个单词中的字母调换顺序得出一个新单词。所有完成至少 80% 单词的人可以得到 10 美元。但是，正当他们准备拍屁股走人的时候，实验者建议他们玩最后一次，如果他们能再将一个单词中的某个字母调换位置得到一个新单词，将会赚到 20 美元（新钱还是旧钱随机给出），找不出来，那之前的 10 美元也没有了。他们也可以拒绝这个建议，直接拿着 10 美元走人。结果：在收到 10 美元旧钱的人当中，当有人把一张全新的"咔咔"的 20 美元在他们眼前晃来晃去的时候，超过三分之二的人选择赌一把。相反，在那些已经拿到 10 美元新钱，要赚也只能再赚 20 美元旧钱的人中间，只有少于十分之三的人愿意再玩一把。

第二个实验中，"小白鼠"们去购物。拿到 20 美元新钱的人花钱的速度比拿到 4 张 5 美元旧钱的人明显要慢得多。而那些拿到皱巴巴的 20 美元旧钱的人花钱速度则比那些拿到 4 张完美的 5 美元新钱的人要快不少，这暗示了新钱效应要比面值效应更强大。钞票就像薯片：最脆的才是最好的。最终，在第三个实验的帮助下，专家们告诉我们，那些被要求用 8 美元购物的人有更强的欲望把一张不再新鲜的 10 美元钞票破开，而不是把更小面值的新鲜取出的小钱凑起来。

这两位专家总结说，一张新钱对于持有者而言是自尊和骄傲之源，和新钱分离会让持有者心疼肉也疼，钞票的品相可以改变人们的消费行为。正因为人们更乐意丢掉那些小面值的旧钱，绑匪们应该不会再要求一笔挺括括的大面额赎金了。

18. 贵的止痛药效果更好?

一项发表于 2008 年的美国研究造福了那些不会品酒的人。这个实验是让"小白鼠"们品尝五瓶葡萄酒,而他们唯一了解的信息就是:酒的价格。他们每个人都被放在核磁共振的仪器下,同时给自己喝到的饮品打分,而专家们则要测量同愉悦感相关的大脑部位的活跃度。而这个测试的关键在于,根本没有五种酒,实际只有三种酒。最次的酒被标价两次,一次是它们的真实价格 5 美元,而第二次则经历了剧烈的通货膨胀(45 美元),而最好的酒(90 美元)也被二次标价,只不过第二次是大减价,变成了 10 美元,中档酒价值35 美元。然后发生了什么呢? 所有实验参与者感受到的愉悦同价格曲线完全一致:酸酒变成了佳酿,琼浆却变成了劣等酒。这足以证明,开心是有价的或者说价格可以叫人开心。

依然是在 2008 年,另外一个研究团队想要检验这种价格效应对于另一类型的产品是否同样有效:止痛药。发表在《美国医学协会研究》（*Journal of the American Medical Association*）上的论文详述了实验过程，研究者告诉通过小广告召集来的有偿志愿者将要测试一种即将上市的新药。实验参与者阅读了药品的说明书之后，研究者向其中一半的人解释说，每枚药片价格是 2.5 美元，而给另一半的价格则打了折，每枚药片的价格是 10 美分。

为了判断药片的止痛效果，接下来必须进入到实验中最有趣的部分：电击这些勇士的手腕。研究者为每一位即将承受电刑的"小白鼠"都事先设定好了疼痛耐受度，以及向他传输电压的最高值。从 0 伏开始，电压逐级增加，每次增加 2.5 伏。对于那些最结实的人来说，极限是 80 伏。然后"小白鼠"吞下他们的止痛药——在接受第二轮电击之前。每一轮，他们都要说出自己感受到的疼痛的程度。

结果：85.4% 收到价值 2.5 美元止痛药的"小白鼠"在吞下药片之后，感到疼痛减轻了很多，而 10 美分那组，只有 61% 的"小白鼠"这样认为。另外，相对于第二组"小白鼠"，第一组"小白鼠"在两轮电击之间感受到的疼痛明显减轻。对于在《美国医学协会研究》上发表论文的专家们来说，这种价格–安慰剂效应可以解释为什么人们更喜欢贵的止痛药而不是价格便宜的治疗方法，为什么那些把大品牌的药换成非专利药的病人会感觉后者药效不再明显。他们总结说，药物疗效的研究应该要考虑到未来的市场投放情况。好的止痛药必然会让你的钱包痛。

请允许我在文章的最后再透露一个细节。整个实验期间，专

家们使用的并不是什么新型止痛药，而是……一种安慰剂。这里
我们可以学到的是：想缓解电击之痛很简单，用价格就可以啦。
另外找个一文不值的小药片代替阿司匹林吧。用了安慰剂，安慰
剂效果还加一半。

19. 把袜子穿在鞋外面会有助于防滑？

　　冬天来啦，路面上的冰也"咔嗒咔嗒"结上了。白霜伴着薄冰，严寒叫人断腿。只要下一点儿雪，市民就纷纷化身为坎德罗罗（法国著名花样滑冰运动员），在完成了前外一周半跳之后，然后就直接扑倒在地被抬进医院了。难怪三位流行病学者会对"如何能在结冰的路上自在行走"这个议题感兴趣。2008 年 7 月，当南半球的冬天刚刚来临之际，利安尼·帕金 (Lianne Parkin)、希拉·威廉姆斯 (Sheila Williams) 和帕特丽夏·普瑞斯特 (Patricia Priest) 这三位达尼丁大学（新西兰）社会医学与预防医学系的学者看到市政府给市民的一条惊人建议，政府教市民用一种稀奇古怪的方式来使用袜子："在您的鞋子外面套上一双旧袜子可以增加鞋子对地面的黏着力。"

　　三位专家很好奇这个建议背后到底有怎样的科学依据。在遍查数据库之后，她们发现没有任何文章建议把袜子变成对付薄冰的武器。于是她们决定迈开自己的脚，开启一个新实验，而这个实验的

雪域高原风

羊毛风尚

目的就是搞清楚市政府给出的那条建议到底是一条锦囊妙计还是一句屁话。开始的时候，她们梦想着能找到愿意在达尼丁市那条著名的路——鲍德温街 (Baldwin Street) 上滑倒的志愿者，他们中有些人在鞋子上套了袜子，有些没有。鲍德温街被吉尼斯纪录认定为世界上最陡的一条路，道路坡度达到了 35%。但是，正如她们在 2009 年发表在《新西兰医学研究》(*the New Zealand Medical Journal*) 上所解释的那样，考虑到实用性和伦理，她们放弃了这个念头。事实上，前面提到的那条路是条死胡同，想抵达最高点，只有一种方式，那就是爬斜坡，而这又会让"小白鼠"们，包括必须陪他们一起爬坡的专家们摔倒的概率倍增。另外，考虑到必须送志愿者去医院也让这次放弃变得合理。

于是，她们选择了另外两条路，坡度没那么陡，会有不少步行者经过，所以找到愿意摔一跤的志愿者并不难。实验者拿着一大摞袜子，待在高处。他们寻找愿意参与的志愿者，询问他们在结冰路上行走的经验以及跌跤的次数。志愿者的任务则是尽量让自己毫发无伤地走到路的尽头，在那里，有几位拿着秒表的观察员在等着他们，并要求他们衡量一下路面的滑度，从 1 度（一点儿不滑）到 5 度（冰雪假日）。

如果想让实验做到完美，最好是让"小白鼠"们蒙着眼睛走，这样，他们就不会受到是否穿袜子的影响了。然而，以科学的名义做出的牺牲是有限度的。最终结果是，相对于那些把袜子套在鞋外的人，没套袜子滑了两次且摔了一跤的人觉得路面更滑。并且，套了袜子的人完成全程所花的时间要比没套袜子的人要短。专家们认为实验结果是有说服力的,她们还挺有幽默细胞,建议继续深化这项研究,以了解百分之百纯羊毛袜子的黏着度——别忘了新西兰是绵羊之国——是否比化纤材质的袜子黏着度更好。对于那些想要参加测试的人,专家建议要人手配备一只保温杯。

20. 股市有风险，你相信金融分析师还是轮盘赌？

意大利的物理学家阿历桑德罗·普鲁其诺 (Alessandro Pluchino) 与安德里亚·拉皮萨达 (Andrea Rapisarda) 喜欢在社会的各种大型组织中注入随机性，比如他们并不掩饰自己的调皮，给了读者这样一个结论：如果人们用抓阄的方式从广大群众中选举出大部分的人民代表，那么这些选出来的国民议会议员和参议员就会要求职业政治家们为了最广大人民的利益而辛勤工作，而不是为了他们唯一的"大客户"。而管理学上还有一条著名的原理叫"彼得原理"，是说在"在一个等级制度中，每个雇员都倾向于上升到不能称职的职位"。而两位专家用了同样的方法来驳倒这条原理，那就是随机晋升员工……

讨论完民主和公司管理，他们又在两个助手的协助下，开始对人类地盘上另外一个要塞发起猛攻：股市。2013 年 3 月 18 日，他们在刊登在全球最大的预印本网站 *arXiv* 上的一篇文章里解释说，对于那些永远都在追寻股市涨落逻辑的金融分析师和交易员来说，有个不好的消息，那就是市场永远都固执地保持自己的不可预测性。在普鲁其诺和他的团队看来，巴黎 CAC40 指数跟彩票没什么区别，而这正是股票专家们不愿意承认的，因为他们总是试图在那些偶然发生的巧合之间构建出因果关系。

从这个假设出发，下一个问题来了：如果随机交易，结果会如何呢？某位杜什摩尔先生选好了股票，他的选法就好像在轮盘上滚小球，球最后落在哪儿只有天知道，这也叫公平分配原则，他的命运会比一个受过艰苦训练、被还没到来的丰厚奖金诱惑的天之骄子更好还是更糟糕呢？为了验证猜想，专家们还采用了四种经典策略参与竞争（这很有可能都是由华尔街或伦敦金融城聘用的物理学和数学大咖们颁发的金奖策略哦），搭配的也是新型收入模式，它叫作：一切随机。

然后，他们测试了经典模型预测四大股指每日涨落情况的能力——米兰证券交易所股票指数、伦敦金融时报 100 指数、法兰克福股市 DAX 指数、美国标准普尔 100 指数。他们使用的是 15 至 23 年间的历史数据。最终，这几位研究者发现，经典模型的平均预测正确率差不多在 50%，也就是说跟扔硬币选对正反面的概率差不多。随机预测的正确率和那些智者的正确率一样高或者说一样低，智者是那些每年付大笔钱给金融分析师的人。

这个研究给我们的其他启发是，随机性就好像一家之长。这扇临时的、有大小限制的窗户打开时，它赚得少，但亏得更少。听听研究者怎么说吧：我们发现了一种打着灯笼都找不到的金融调节方案——把随机性当作指南针之后，我们会承担更小的市场风险，危险的盲从行为会消失，金融泡沫在变得危险之前会爆裂，我们也会更少被股市大咖们骗。轮盘跟概率计算法在某种程度上来讲效果是一样的。

21．感觉被完全剥夺是一种什么体验?

即使在科学研究中，也存在官方和非官方的解释。在 20 世纪 50 年代初，蒙特利尔市麦吉尔大学的一个科研团队开始了一项感觉剥夺实验，在 1954 年发表在《加拿大心理学研究》（*Canadian Journal of Psychology*）的论文中，他们给出的官方实验动机是：如果一个人必须长时间在一个没有任何风吹草动的环境中集中注意力（雷达监测，长时间驾驶飞机），由此导致的注意力涣散可能诱发非常严重的后果，所以，我们的大脑为了保持良好运转，必须一直用外界的信息来喂养自己。想要验证这一猜想，必须测试人在被剥夺了感官刺激之后大脑的运转情况。

为了达到目的，有个好主意，那就是让身体与大脑失联。但是作者已经在论文中很有自知之明地指出：充当心理学实验"小白鼠"的大学生们"很抵触为了实验而给自己的大脑动手术"。对于科学的爱是有限度的，因此只能"满足于用不那么极端的办法——与外界隔离"。以下是实验过程：22个学生被招募进来。摊上这样的好事，他们心里肯定觉得再合适不过了，因为啥都不用干，一整天躺在床上，完了还有钱拿。只不过还是有点儿不方便的，他们要戴上遮光眼镜，头被固定在一个U形枕头下面，耳朵被塞严，戴上纸盒做的袖子，一直武装到手指，也几乎不能碰触任何物体，但可以起身吃饭或者上厕所。

实验刚开始时，他们心满意足地睡下了。但是醒来之后，心里面就只剩下一种感觉了，那就是无聊、无聊和无聊。没有任何的感官刺激，他们开始唱歌、吹口哨和自言自语。原本计划在脑子里复习迎考的，现在根本做不到，完全没办法集中注意力。以前参加实验，拿到的测试项目经常是数学题或者是改变一个字母的位置得到新词这样的文字游戏，而此刻他们的认知能力只能升起半旗。他们让自己的思绪四处游荡，让它们飘落在大片大片的空白时间里，在这些空白时间里，就连一丢丢的想法也未曾浮现。

终于，幻觉出现啦。刚开始是一些光点、线条和几何结构，然后就变得复杂起来：一个"小白鼠"说看到一列小黄人，戴着黑色鸭舌帽，嘴巴张得老大；另一个"小白鼠"回忆说看到了一个松鼠游行队伍，肩头都背着麻袋，穿过一片冰天雪地；而第三个"小白鼠"则感觉自己的头和身体已经分崩离析。尽管每天的酬劳是20美金，比他们日均收入的两倍还多，但好几个实验参与者想在实验结束前就开溜。而据研究者称，这个实验让我们知道大脑为了维持正常运作，会对外界的刺激"上瘾"。

感觉被完全剥夺是一种什么体验？

　　但其实，研究者们研究这些还有一个秘而不宣的理由。加拿大军方对感觉剥夺实验很感兴趣，以至于一开始都是秘密进行的。苏联人利用这个实验成果帮助洗脑，也脱不开干系。同时，它也在为美国中央情报局造福。就算是研究用什么方法折磨人最痛快，也是学海无涯苦作舟啊。

22. 被车轧死的动物尸体会存留多久？

统计学家偏爱只有车的马路。当马路上的四轮汽车让位给了两条腿的人就会乱套：再也没有办法知道有多少人曾经踩踏过这片马路。每次有游行时，一句老调总要重弹，如果我们问警察部队有多少游行者，他们会告诉你和上次一样多；要是问游行组织者，他一定会把数字乘以三再说出来，就好像茫茫人海已经把宪兵队的算盘都踩烂了一样。根据葡萄牙专家的研究，当我们要数的不再是游行队伍的人山人海，而是那些默默无闻铺满公路两边的动物尸体，会得出和刚才相似的一笔糊涂账。

马路会杀人，并且杀的可不只是人。如果不把那些被挡风玻璃上的雨刷突然压死然后化为一坨污泥的昆虫算在内的话，每年被机动车轧死的野生动物代表会上百万。在2011年发表在《公共科学图书馆期刊》上的一篇文章中，这支来自葡萄牙埃沃拉大学的研究团队解释说，如果沿用从前计算公路上动物死亡数量的老方法，会有相当一部分受害者被遗漏，因为动物的尸体在科学家会计们到来之前就已经被"清理"干净了。

为了让大家都了解这个发现，专家们完成了一项实验，旨在测出动物尸体的保存时间，也就是说它们在马路上死亡之后，尸体过多长时间会消失，并且会根据不同物种、天气状况和交通状况来分别测定。而这次实验的过程也十分惊人：从2004年的12月到2006年的2月，一位研究人员每天风雨无阻地穿越37公里的国道或省道，只要见到血肉模糊的肉饼就会下车确认受害动物所属的物种，并记录下它的GPS定位，然后将肉饼放归原地，以便之后测算它会在马路上存留多长时间。而这每天37公里的行程都是驾驶汽车完成的，不过是以非常缓慢的速度行驶，这是为了不雪上加霜，造成新的伤亡，但主要还是为了不漏掉任何一具尸体。这份研究报告还强调说受伤的动物不会被计算在内（也不会为了凑数而被弄死），而是会被送到兽医服务站救治。

这一次测算出的动物死亡总数上升为4447，有一种动物死亡总数远超出其他小动物，位列凄惨之首，那就是小鸟，而第二多的则是蟾蜍。他们的记录中还出现了青蛙、蝙蝠、蛇、兔子、啮齿动物、肉食哺乳动物、猛禽等。这项需要巨大毅力才能完成的惊人统计，它的最大教育意义在于，这些死于公路大屠杀的小动物的尸体，在马路上常常停留不到一周就消失了。它们小小的身躯会被来往穿梭的车流反复碾压直至四分五裂，要么就是被秃鹫啄食干净或叼走，而那些留下来的尸体则会被蚂蚁风卷残云或者被道路管理处的清障

被车轧死的动物尸体会存留多久?

车一扫而空。竟然还会有这种情况出现，那就是如果这些小家伙名叫"野兔"或"松鸡"，并且它们的尸体还没被轧坏，就会有一些经过的路人扮演"啃尸者"，可是真的"啃"哦。

文章还指出，如果只是像原先在车辆撞击研究中那样每周巡视一两次，那么死亡的动物数量就会一直被低估。而如果这些出现偏差的数据不能促成一些必要保护设施的建成（比如蛤蟆洞或其他动物穿行通道），以使得小动物们在穿越人类建造的公路时幸免于难，那么这些研究最后只会沦为大家茶余饭后无关紧要的谈资。

23. 你想在天花板上开车吗?

在电影《黑衣人》中,由汤米·李·琼斯扮演的探员 K 多了一位新搭档——由威尔·史密斯扮演的潇洒的探员 J,探员 K 第一次开车载探员 J 时,请求他永远不要碰那个红色的小按钮,但是这个"永远"有多远我们并不知道。在之后的情节中,两个黑衣人为了保护那个微不足道的地球不让它毁灭,要紧急赶往皇后区。为了能节省路上的时间,他们上了空中隧道,但是在纽约这种国际大都会里,上下班高峰期走隧道简直就是自残的节奏。所以,车就这么一直堵着,堵着,探员 K 问他的同伴:

"兄弟,还记得那个红色小按钮不?"

"当然记得啊。"

"赶紧去摁一下。"

转瞬间,那辆 87 款福特维多利亚皇冠变身成了有两个喷气发动机的蝙蝠车,这股神力足以让探员 K 开上了隧道的天花板,而没来得及系上安全带的探员 J，则认认真真地上了一节重力课，并且跟挡风玻璃来了一次亲密接触。

车真的可以像在科幻片里那样在天花板上开吗？这是 2011 年发表在《物理专题期刊》（*Journal of Physics Special Topics*）上的一篇文章里作者提出的疑问。这份出自于英国莱斯特大学的刊物会刊发正在勤习科学论文写作艺术的学徒的作品。和任何一本杂志一样，它在遴选论文时不会夹杂一丝一毫的同情心，一定会要求专家们反复审读这些待选的文章。但是不同于任何一本杂志的是，它从不会吝啬自己的幽默感。这篇带着疑问的论文想要引入一辆通常可以在第三维度里贴地行驶的 F1 赛车，因为工程师们在设计赛车时给它们加上了翅膀，有点儿像飞机的机翼（但是方向正好相反），把空气导向一个方向，正好将汽车压在平面。

这种负升力是否足以抵消在空中隧道中行驶时的重力呢？如果可以，那么一辆 F1 到底要快到什么程度才能在天花板上开呢？为了确定这一点，学生们将一辆单座车行驶时可能涉及的所有方向的力都列入了方程式，并且仔细剖析物理学科里的基本规则，这些规则指出了空气动力学的限制以及引擎的最小质量。他们也没有忘记考虑迎角角度以及空气密度。通过计算可以得知，当 F1 赛车时速达到 179 公里时，它就可以玩《黑衣人》里的特技啦。

但作者承认在现实中验证他们的计算结果非常"艰难"。但是他们建议将 F1 赛车放在风洞顶部，加快空气流动的速度直到它达到计算出来的速度，然后松开汽车，看它是否能够一直停留在顶部。

你想在天花板上开车吗?

接下来,需要您发挥一下自己的想象力。

2019年摩纳哥大奖赛

效果还不错。但是他们怀疑赛车手们应该不会对这个实验感兴趣。

笔者斗胆在这里给出另外一个建议：可以利用摩纳哥大奖赛，因为这是唯一拥有隧道赛道的 F1 大赛，比赛中平均车速会远远超过 200 公里每小时。如果恰好费尔南多·阿隆索或者塞巴斯蒂安·维特尔读到了我们的专栏，先在这里说声谢谢啦，这么做可是为了科学。

接下来，我们要玩一种跟大奖赛对着干的开心游戏：想在隧道赛道里超车几乎是不可能的，但我们想看到两辆 F1 赛车并驾齐驱，不是肩并着肩哦，而是一个在下面开，一个在上面开。

26. 谁是史上最愤青的专家？

在不正经科学的圣殿里，有一个位置是预留给约翰·特林考斯（John Trinkaus）的。今天，他已经退休了，这位曾供职于纽约某个商学院的管理学教授一股脑儿发表了好几篇论文，但没有一篇和他的老本行相关。这几十年里，他的个人研究到底贡献给了什么呢？贡献给了让他生气的一切。他发表在《心理学报告》（*Psychological Reports*）和《知觉与运动技能》（*Perceptual and Motor Skills*）上的那些论文从侧面勾勒出了一幅惟妙惟肖的肖像——一个暴躁无常、很容易被这个社会中日益滋长的不文明现象激怒的家伙。

约翰·特林考斯在大作中研究的是在他所居住地区有多少人会遵守十字路口上的 Stop 指示牌。17 年间，他就相同主题共完成了七篇论文（五篇贡献给了机动车司机，两篇贡献给了骑自行车的人）。1997 年他发表了这个系列最后一篇论文时，调查结果让他很囧：只有 1% 的人（而 20 世纪 80 年代初这个比例是 37%）的司机和行人

83

会在指示牌前完全停住，而其他人只是稍稍减了速，换句话说，基本上是按照正常速度在行驶。还有那些把车停在残疾人车位或消防车车位的会开车的野人呢？他也都一一记录在案。那些不会把自己车顶积雪清理掉并因此可能导致积雪砸到后面车辆挡风玻璃的家伙呢？也都记下啦。站在另一个十字路口的约翰·特林考斯观察到，当救护车的鸣笛在街头响起，越来越少会有司机把车转到右车道为救护车让出位置，而这也让他气得够呛。

在 10 年中，他常常会去诊疗室测算病人的等待时间，得出的结论是看个病平均要等 24 分钟。神经科等待时间最长，而泌尿科等待时间最短（得出了什么结论，随便你）。在约翰看来，排队等待浪费的时间对于社会而言是一个沉重负担。1985 年，也就是他这篇论文发表的时间，如果把全年中每个人的等待时间全部加起来，再乘以每年问诊的人数和平均每小时的诊费，可以得出最终的损失是——240 亿美元。这也把他气疯了！

他还有其他研究场所和怒火发泄地：超市。他记下那一个个让超市付款速度变慢的事件，比如那些明明没有资格却也挤到"最多10 件商品"自动收银台付款的人，还有那些嚷嚷着要大人带他去看圣诞老人的熊孩子。约翰似乎也不再喜欢公文包这种东西了。在郊区火车的下车处，他数了一下携带公文包以让自己显得很重要的旅客有多少个。他也数了那些从反面打开公文包的人，并且，他用了4 年时间获得了 100 个公文包的三位密码组合，发现 73% 的人都保留了原始密码 000，而也许就是这种平行六面体又蠢又多余的终极

谁是史上最愤青的专家？

我丈夫在工作呢。

您过一会再给他电话吧。

证据了。

　　看电视的时候，约翰·特林考斯也为"是"这一应答语的使用在不断减少而感到遗憾，取而代之的是"绝对的""完全正确"这样的字眼。他也搞不懂为什么有人爱穿白色网球鞋（对哦，为什么是白色呢？）以及为什么那些人要把棒球帽反过来戴。他还注意到，在天主教堂，人们也不再愿意花上一枚硬币来点燃一根蜡烛了。最后，约翰·特林考斯还有一个发现：气象工作者预报有暴风雪的时候，他们经常会搞错暴风雪开始的时间以及积雪的厚度，而这也让他很不高兴。

25. 坐着学习还是躺着学习，这是个问题……

六月，对于高中生而言是最紧张、最着急的一个月。他们要参加高考，他们要准备进入公立大学或者是读大学校（法国的精英大学）的预科班。他们要找到可以一起合租的人或者是在大学城里订到一间宿舍。为了把狭小的房间填满，学生们使用的最经典的家具会是：一张沙发床——用来睡觉；一张办公桌和一把椅子——用来学习。前一种家具通常都质地松软舒适，所以，如果学生们想像斯巴达人那样骁勇善战，就必须跟第二种家具死磕，好像只有吃苦才能让功课顺利输入大脑，只有屁股上结了老茧才能让人精神更加集中。在1965年的《大学生手册》中，亚伯拉罕·拉斯和欧仁·威尔森是这样解释的，学生要使用那种结实、椅背笔直且没有坐垫的椅子，因为只有当我们处于不那么舒服或不那么轻松的状态时，才能学得更好。因此，出于一个众所周知的理由，请避免在沙发、扶手椅或床上学习。

一本不正经的科学

　　"众所周知"的理由，话说得是不是有点儿早？加州大学的两位心理学家想知道这个"众所周知"的理由到底是什么？这些专家建议的背后是怎样的科学数据在支持？无论在索邦大学还是在巴黎二大，牛津还是剑桥，加州大学伯克利分校还是哈佛，我们是不是都从来没对比过躺着学和坐着学的效果？研究者们找来找去，在已知的文献中一无所获。于是，他们有了一个很不靠谱的想法，不知道"众所周知"的理由是啥，那就来一次实地考察，在学生宿舍里开始一场实验。

　　就像杜邦和杜蓬警察二人组（漫画《丁丁历险记》中的人物）一样，罗伯特和罗伯特组成了专家二人组，开始调查。他们在课后参观大学宿舍，以便了解这些年轻人是否真的在学习，如果在学，又是在哪里学的。咚咚咚！我们来做一个调查："你们是在书桌前学习还是在床上学习呀？"两位专家没有把中间状态包含在内（比如四仰八叉躺在沙发上甚至是直接平躺在地上）。他们带着敬意以及校领导的许可走进了分布在 8 个校区的上百间宿舍，最终有 331 位大学生填写了实验问卷，并且在这两个地方学习的人数几乎一样多。

　　接下来便是这个实验中最让大学生的心突突直跳的部分：每个人的平均成绩。然后，专家们要解答这个问题：一个学生的学习姿势是否和他的学习成绩相关。也就是说，相对于床垫上的知了，书桌前的蚂蚁到底有没有从自己受过的罪中多拿一些年终分红呢？（出自拉封丹寓言中的《知了和蚂蚁》）很可惜，没有。

文章的结论是，两组学生的成绩并不存在显著差异。即使将情况推向极端，也就是说，把注意力集中在优秀学生和差生这两种人身上，研究者也没有发现"有什么区别"。他们在文章中这样写道：没有任何证据可以证明在书桌前学习的学生就比不在书桌前学习的学生成绩好。

罗伯特和罗伯特从这个实验中得出了两个结论：第一个结论，没有什么可以证明要求学生必须在开学的前六个月里每天用几个小时把自己绑在书桌上是正确的。第二个结论，是时候重新思考一下教室的装修问题和家具选择了。烧掉小书桌，我要在吊床上参加高考。

还有一个细节要透露，这项研究发表在 1968 年 5 月哦。（那一年，法国爆发了学生运动。）

26. 钞票是最好的止痛药?

如果您是不正经科学专栏的忠实粉丝（我也不大能想象您竟然可以不是），您就一定会想起这样一项研究，它告诉我们止痛药的药效和它的价格相关而不是它的药性。药片越贵，就越能让人放松（病人放松了，钱包也松了），因此，要想对抗癌症，药物必须首先让你的银行账户好好痛一回。然而，竟然有比这种价格安慰剂效应更叫人大跌眼镜的。根据2009年发表于《心理科学》（*Psychological Science*）的一篇由中美科学家合作完成的论文，我们可以知道钱本身就已经是一种上好的止痛药。"亲爱的，你是不是有点儿偏头痛呀？赶紧去取款机那取点儿钱回来。"而这些专家所依据的观点是，钱会让它的所有者有一种舒适感、力量感以及效率感。也许同时还激发了内啡肽的分泌，这种激素会让人放松。为了验证这一猜想，他们完成了三个系列实验。在第一个实验中，他们发现"小白鼠"在遭到某社会群体的排斥且内心遭受道德上的自责之后，他们会画出比真硬币更大的硬币，并对自己说，为了挣钱，他们愿意牺牲一些快乐。钱，是一切痛苦的良药。

第二个系列实验更加诱人。参与者被分成了两组，第一组花一些时间数 80 张纸，而第二组要数的是相同数量的钞票，然后所有人都必须把手放在一个用于固定的装置上，并伸出两根手指浸在水中。一部分人情况是这样的，水温 43 摄氏度，且浸泡时间为 3 分钟，这会让人觉得有点儿难受，而另一些人的体验则会更加痛苦：在 43 摄氏度的水中浸泡 90 秒，在 50 摄氏度的水中浸泡 30 秒，然后再在 43 摄氏度的水中浸泡 1 分钟。这当然不足以将人烫伤，但也基本接近这个程度了。结果当然是，那些刚刚点完钱的人体验到的难受会更少一些。钱就是保护神。点钞机永远都会身强体健，时刻在它那几百万的钞票里自由自在地游泳。

最终，在最后几场实验中，"小白鼠"中的一半被要求列出过去一个月的消费清单，而另一半人则要求回忆上个月的天气状况。然后，再重新开始社会排斥环节和手指浸热水环节。在这两种情况下，那些被要求回忆自己一个月开销的人会更加痛苦，既有精神上的痛苦又有肉体上的痛苦，就好像他们都是拉伯雷大师作品《庞大古埃》（Pantagruel）中的那位巴汝奇所承受的那种痛苦的受害者——"没有钱，这种痛真叫人痛不欲生"。

有一个叫阿巴贡（著名的吝啬鬼）的家伙曾经描述过这种症状："我的心情很乱，我忘了我在哪儿，我是谁，也忘了我在做什么。

哎呀！我可怜的钞票啊，我亲爱的朋友，他们把你从我身边夺走，你走了，我失去了心灵的支撑和抚慰，失去了我的快乐。一切都完了，我在这个世界上也没啥可以做了：没有你，叫我怎么活，我已经完了，我啥都做不了。我在死去，我已经死了，我已经入土了。"

27. 乡村音乐会让人想自杀吗?

　　6月21日马上就要到啦,和它一起来的,还有音乐节,因为精彩的欧洲电视网歌唱大赛根本不足以满足我们的胃口。但是注意了,乐迷朋友们,你们已经着急地跺脚,想要带着卡宾枪去听由你们邻居孩子组成的阿素夯斯图利克斯乐团的演唱会。而这三个月以来,你的鼓膜已经品尝了音乐天赋的前味,千万要小心啊!音乐不仅能舒缓你的情绪,它也可以撕碎你的心。在特殊情况下,还可能构成对公众健康的威胁。

　　然后,当夏至音乐节就要到来的时候,最好当心点儿,并且一定要仔细阅读1992年发表在《社会力》(*Social Forces*)上的一篇来自两位美国学者的论文。这篇论文的两位作者斯蒂芬·斯塔克(Steven Stack)和吉姆·冈德拉施(Jim Gundlach)依据的原理是音乐能直接且深刻地影响人类情绪(当我们听过声嘶力竭的老调子《鸭之舞》后,就不会再想沉浸在康德作品中了)。如果这种音乐类型变成了某种次文化的基底，也就是说，有这样一个聚居地，成员们有同样的品位，穿一样风格的衣服，听同一个电台，去同样的音乐会等，这种对精神状况的影响会剧增。

在斯蒂芬·斯塔克（Steven Stack）和吉姆·冈德拉施（Jim Gundlach）的瞄准镜中，那早已飞出南部乡村根据地、占领了全美大都市的乡村音乐的听众大部分变成了白人，他们整日沉浸在"我们这儿的小年轻"这种怀旧情绪中。但是，两位专家还强调，乡村首先是一个忧伤的神话，那里住满了夫妻不和、酒精成瘾的人。为了毫不含糊地验证这个猜想，他们借助了另外一项研究，而这项研究分析了这种音乐风格下的 1400 首歌曲（而这也证明了热爱科学可以让人上刀山下火海也在所不惜），并且发现，接近四分之三的此类歌曲都提到了劣质啤酒和破碎的爱。下面这句歌词可以说是一箭双雕："宝贝，为什么我要用最后一瓶威士忌砸你的头？我好想它（她）。"（他想的到底是宝贝还是酒瓶，不得而知）。而其他几首歌曲可以写成一个穷困潦倒者专栏，他们没钱也没工作。因此，研究者得出了一个很有道理的结论：大量欣赏此类歌曲，完全可以让那些最具玻璃心的听众生出自杀的念头。

为了确认他们的猜想，斯塔克和冈德拉施关注了 49 个美国街区，他们手上有这些街区的音乐数据——由当地广播播出的不同音乐类型（乡村、摇滚、古典等）的比例。就像一些流行病学者会测出病人和石棉或铅接触的程度一样，他们能确定人们暴露在乡村音乐中的程度，并且将这些数据和自杀的数据联系在一起。结果是，乡村

音乐的播放数量和自杀有着密切的相关性，但这只是出现在白人群体中，确切地说，是对这种音乐感兴趣的白人。

还有什么必须交代的吗？论文的作者很谨慎地补充道：相关性并不意味着因果关系，乡村音乐不会自动将人引向自杀。一切都取决于唱歌的那个人是谁。

28. 最能吃的吃货到底能吃下多少东西？

　　童话故事里有吃人狂魔。现代社会里，巨型吃货也依然存在。吃人狂魔最喜欢吃小朋友们的小鲜肉，而巨型吃货最爱在各项竞吃大赛里对着电视台的摄像机，一口接一口地吞下十几个汉堡、十几个热狗，外加十几块比萨，再来好多根芦笋，好多好多坨黄油和牡蛎（当然是去了壳的哦）才够。我们把这些人叫作"竞赛型吃货"，他们都聚集在"大胃王、馋嘴猫以及好吃鬼国际联合会"（Ifoce）的旗下。Ifoce 每年会举办很多场比赛，并且不断更新饕餮纪录。我们从这个纪录里可以看到，2007 年 3 月 17 日，某个名叫帕特里克·贝尔托列提（Patrick Bertoletti）的家伙在 5 分钟里吞下了 47 个奶油烤饼，2012 年 8 月 18 日，大胃王世界纪录保持者——乔伊·切斯特纳（Joey Chestnut）一口气吞下了 266 个日本煎饺，肚子也没有爆炸。

　　不正经科学关注的就是这种不是运动却胜似运动的奇葩活

动。2007 年发表在《美国放射科学报》（*American Journal of Roentgenology*）上的一篇论文中，一个由放射科医生和胃肠病专科医生组成的研究团队想要弄清楚大胃王冠军们的胃到底是怎么能在一通胡吃海塞后而屹立不倒的。为了达到科研目标，他们邀请了蒂姆·加努斯（Tim Janus）（这位在参加比赛时用的艺名是"X 大吃货"）参与到实验中来，同时，他们还邀请了一位身强体壮的普通吃货作对比。

这两个人最先吞下的是……造影剂，一种可以在 X 光照射时帮助胃部显影的化学物质。接着，医生们要求他们在 12 分钟内吞下尽可能多的热狗。作为对比的普通吃货（身高 1.88 米，体重 95 公斤）开始了，吞下第 7 个三明治后，这个小帅哥噎住了，他觉得自己已经饱到了极点，再多吃一口就会吐。然后就轮到蒂姆·加努斯了（1.78 米，75 公斤），为了能尽快让这个热狗山从眼前消失掉，他都是两个一起吞，而旁边的医生们每隔一定时间都会给他的胃部照一下 X 光，然而，看完透视图之后，他们都惊呆了。

普通吃货的胃在吃之前和吃之后大小相仿，而"大胃王"的胃却能像气球一样一点点膨胀起来。在 10 分钟的实验时间里，蒂姆·加努斯就已经吞下了 36 个热狗，科学家们害怕他的胃变成原先的四倍大，这意味着他将看起来像个孕妇，决定中止实验。而我们的"大白鼠"呢，感觉依然非常良好，非常想把实验做完……这个实验告诉我们，竞赛中的"大胃王"之所以能有那么惊人的表现，并不是因为他们的胃有越来越快的消化能力，而是因为这些胃都极富弹性，并且训练之后，这种弹性会有所增加。

　　论文作者在结论中对这些竞赛中的"大胃王"的长期健康表示了担忧，因为他们不再有饱腹感，很可能会造成病理性肥胖，或者将渐渐失去将食物从胃推向肠的能力。而蒂姆·加努斯呢，他的超级大胃又为他赢得了新的荣誉。2012 年 6 月 8 日，他成了打嗝世界冠军（这世界上也有一个"打嗝国际联合会"），他的一个嗝最长能打上 18.1 秒。

29. 藏在冰箱里能否躲得过原子弹的轰击?

在"夺宝奇兵"第四部《印第安纳·琼斯和水晶头骨王国》中,由哈里森·福特扮演的集考古学者和探险家于一身的英雄一路从夏里布德辗转到了西拉(儒尔·凡尔纳小说中的地名)。他刚刚从潜入美国中心的苏联特遣队的魔爪中惊险逃出,却马上又要面临更大的凶险。这个 20 世纪 50 年代典型的美国小城里,一切看上去都如田园牧歌般宁静美好,但背后却隐藏了一个隐患:这其实是一个人造城市,所有居民都是木偶,并且它即将遭受一次核试验引发的气流及大火的洗劫。印第安纳·琼斯最终得以脱身是因为躲在一个很重的双层冰箱里,可观众看到这里不买账了:"这叫啥玩意儿啊,斯皮尔伯格就是把我们当猴子耍,《圣战奇兵》("夺宝奇兵"第三部)拍完就应该金盆洗手了。"因为他们笃信,就算是(尤其是)躲在冰箱里,也没有人能躲过核爆炸的侵袭。

嘿,可别这么快就下结论。看,历史和不正经科学正手拉着手朝你走来。让我们先回顾一下历史,电影里那个人造城市还真的存在过:它建造于内华达州,美利坚合众国曾经在那里引爆过数百枚

藏在冰箱里能否躲得过原子弹的轰击？

原子弹，因此，这座城市被戏称为"幸存之城"。1955 年 5 月 5 日进行的核爆炸损毁了大部分城区，此次爆炸期间，人们还进行了很多令人震惊的实验。当然，他们并没有把一个人类学家藏在某个家用电器里，但是他们却完成了"32.5 计划"，从某些方面来说，这个计划验证了电影中那个场景的可行性。

根据 1956 年公布的一份 15 页的报告，"32.5 计划"旨在测试速冻食品在遭受核爆炸后受污染的情况。因为有很多食品企业的友情赞助，这个实验的发起者收到了好几十箱速冻食品：鸡肉圆馅饼、鳕鱼排、薯条、浓缩橙汁、豌豆以及草莓。这些冷冻食品有一部分被埋在了两个一点儿都不深的战壕里，分别距离 29 千吨（相当于广岛原子弹威力的两倍）的原子弹爆炸点 387 米和 838 米。另一部分则是放在"幸存之城"某个房子的冰柜里冰冻，距离爆炸点 1.4 公里。

嘣！过了两天半人们才把离爆炸点最近的食品挖了出来。鳕鱼排受到的核污染最严重，其次便是豌豆。草莓一点儿事儿都没有。报告中有意识地指出："除非有紧急情况，如果条件允许的话，最好在前两个星期不要食用这些未受到核污染的食物。"从化验结果也可以看出，营养成分也没有减少，除了冻薯条里的维生素 B_9 含量降低了一些。志愿者团队还证实，从口味、结构及外观这些方面来看，也和同类对比食品几乎没有差别。啧啧！

而那些被封存在冰柜里的食品没有任何被核污染的迹象。如果我们把鸡肉圆馅饼换成印第安纳·琼斯这个土生土长的美国男人，那就不得不承认，只要他蹲在冰箱里，那副老骨架就不会被核爆炸炸塌。不过，即便是不正经科学也没有办法为电影的其他情节背书（作担保）啊。

30. 猪肉绦虫：科学家和死刑犯的爱恨情仇

　　通常情况下，当一个人决定把自己的遗体捐献给科学研究时是出于完全的自愿，并且也根本不会事先指明自己的遗体能被使用的具体时间。注意了，这是通常情况下，又不是绝对。真相也有可能是这样的，科学会征用你生命的最后一段时光，并且在你死之前就开始使用你的身体。曾经有一段时间，医生们苦苦思索，在人类肠道里发现的猪肉绦虫，这种巨大扁平、经常一长就长到好几米的蠕虫到底是怎么钻进人类肠道去的。他们怀疑是因为猪肉和牛肉里寄生的幼虫（猪肉里的叫猪肉绦虫，牛肉里的叫牛肉绦虫），但还是需要通过实验来验证。可是，有谁愿意把肠子贡献出来做实验呢？

　　1853 年，居住在齐陶的德国医生戈特利布·海因里希·弗里德里希·屈兴边斯特（Gottlieb Heinrich Friedrich Küchenmeiste）申请并获得了让一位因谋杀获罪的死刑犯服用绦虫幼虫的许可，结果，第一次实验失手了。只有再来一次。一年之后，他得知一个罪犯即将在离齐陶不远的地方行刑。尽管留给屈兴边斯特的时间已经屈指可数，但他在两位匿名医生——D 医生和 Z 医生的帮助下，重新开始了实验。天啊！抓了半天怎么也抓不住一条绦虫幼虫。绦虫啊绦虫，为什么我想要你时，却总是找不到，不想要你时，你却总要满肚子跑呢？

两位同事中的一个为他找到了两种绦虫幼虫，分别来自兔肉和猪肉，将会被倒进给犯人喝的汤里。好像这个犯人也并没有签下遗体捐赠合约……在这个人被行刑前几天，屈兴边斯特的妻子在一家饭店里买了点儿烤猪肉做晚餐。奇迹出现了：这块棒棒的猪肉里就藏着猪肉绦虫的幼虫呢……德国医生三步并作两步跑到饭店，不是想威胁店主让他赶紧关门大吉，而是……再买一斤这头几天前被宰的猪身上的肉。第二天，死刑犯吃到一根香肠，而这根香肠里藏着他们塞进去的十二只猪肉绦虫幼虫。而其他几只会在死刑犯的最后几顿饭里喂给他吃。

实验的第一阶段告捷，屈兴边斯特就等着刽子手执行任务了。行刑两天之后，这位德国医生终于打开了死刑犯的尸体，并开始检查他的肠道。在犯人的肠道里，医生回收了几条至少有一厘米长的幼虫，这足以证明在人体里发现的绦虫就是来自于猪肉，而它的感染方式和其他几种绦虫相似。屈兴边斯特只是有点儿后悔，犯人尸体的交货日期和他被喂下绦虫的日期太近了：绦虫们还没有足够的时间长成成虫，医生认为需要在其他死刑犯身上再做一次这个实验，这些犯人在那个还没有被称为"死亡走廊"的地方有更长一点儿的

猪肉绦虫：科学家和死刑犯的爱恨情仇

弥留时光。

　　然而，这位德国医生很快发现有人因为这项研究所引发的道德问题而愤怒。因此，从那天起，蠕虫学家们（就是那些专门研究寄生虫的人）决定选择绝对不会引发道德问题的"小白鼠"——他们自己。绦虫啊，我的好兄弟，科学与你同行。

31. 喝了酒的证人真的不可信吗？

根据世界卫生组织 2011 年发布的一个报告，每个超过 15 周岁的地球人平均每年会消费 6.13 升纯酒精的等同物。没什么好奇怪的，在刑事案件中，被告、受害人和证人——或者三位一体的那个人在案发时常常受到了酒精的蛊惑。到诉讼时，他们当然都酒醒了。然而，被告总会有充分的借口说自己无法清晰回忆起当时自己做了些什么，而受害者通常都没机会站在法庭上为自己辩护，因此只能把大部分的重担放在证人身上。那么一个在酒精里泡过的人，他的证词到底有没有价值呢？判决失误的幽灵会不会附在那个口袋里塞满酒瓶的人身上呢？

因为几乎没有任何实验研究过酒精对目击证人的记忆和可信度的影响，一个来自瑞典哥德堡大学的研究团队决定揭开这个问题的真相。实验结果刊登在了一本非常专业的杂志《欧洲法制心理学研究》（*The European Journal of Psychology Applied to Legal*

Context）2013 年的 1 月刊上。在不正经科学的专栏中，我们已经提到过 1970 年的一项研究，一群美国学者带几个烂醉如泥的志愿者一起出去旅游，发现了著名的"酒后记忆黑洞"这一现象。他们的瑞典继承人受到这个实验过程的启发，只是这一次，"小白鼠"都没有到烂醉的程度。

通过一张小广告撮合，他们征集到了 123 个人，并把这 123 个人分成了三个小组。第一组保持滴酒不沾的状态，作为对照组。第二组的人在一杯螺丝刀鸡尾酒（伏特加配柳橙汁）（是谁告诉我搞科学就是苦逼的呀？）下肚之后，每升血液里多了 0.4 克的酒精，而第三组喝得多一些，每升血液里多了 0.7 克的酒精。喝到这个程度，还算不上醉得不省人事，但他们的行为会发生一些变化。他们会变得更加外向、兴奋、话多，且同时会感到集中注意力、推理以及辨明细节变得困难了些。别忘了在瑞典，如果血液中酒精含量超过了 0.2 克／升（法国的规定是 0.5 克／升）就会被禁止驾驶了。

品完酒之后，"小白鼠"们被带进一间很舒适的客厅，开始观看一个将近 5 分钟的视频，视频的内容是一部写实主义的故事短片。片中，两个男人在公交站台上绑架一个女人。画面是从一个证人的视角拍摄的，并且给了主要案犯一个面部特写，持续了 36 秒。一周之后，这 123 个志愿者回来了，开始辨认罪犯。他们面前放着 8 张男人的照片（有些组给出的照片有主要案犯，有些则没有），每个"小白鼠"必须说出绑匪是否在这些"嫌疑犯"中。

结果：三组正确率相差不大。要注意的是，尽管他们辨别罪犯

喝了酒的证人真的不可信吗?

就是这对大胡子双胞胎,就是他们,我完全确定!

的准确度差别不大，但是最擅长辨别人脸的竟然是酒喝得最多的！这个实验结果让我们再次质疑"喝了酒的证人不可信"这样的论断。不过研究者认为他们的"小白鼠"喝酒还没有喝到导致失忆或者是酒精性近视的程度。也许下次必须喝得更猛一些，然后就会听到有人说："启禀大人，我向您保证，就是那头粉色的大象抢劫了珠宝店。"

32. 我们在糖浆中能比在水中游得更快吗?

2004 年初,一位名叫布莱恩·格蒂芬格的学生正在为雅典奥运会美国代表队的选拔赛而刻苦训练。他擅长的项目是 100 米蝶泳。咕嘟咕嘟的泳池里,总会冒出一大堆在游泳运动中会运用到的流体力学问题。我们知道,一位泳者在海水中会比在淡水中游得更快,因为他的身体在密度更大的液体中会产生更大的浮力。但是如果我们不仅增加这种液体的密度,还同时增加它的黏稠度,结果将会如何呢? 换句话说,我们在水中游得快还是在糖浆中游得快呢? 专家们被问住了,直拍脑袋。一些人推测,黏稠度增加,阻力也会增加,运动员的前进速度会减慢。另一些人则推测,恰恰相反,运动员向前的推进力会因此变得更高效,他会比在水中游得更快。第三种看法则是运动员在两种液体中的游泳速度是一样的。

为了解开谜题,布莱恩·格蒂芬格和他在明尼苏达大学的化学老师爱德华·库斯勒提出了一个极具实用性且叫人无法拒绝的建议:

做实验呗。而他们在几个月后发表于《美国化学工程师协会期刊》（*Journal of American Institute of Chemical Engineers*）上的论文则让他们光荣地进入不正经科学的万神殿中。为了实验，他们先找到了 310 千克的胍胶，这是一种榨取自豆科植物的天然聚合物，主要用于提高酱汁、冰激凌和洗发水等产品的黏稠度。他们的目标，是把角落里的游泳池变成一大碗果冻。

还必须取得相关部门的许可，要让他们放心：不会的啦，糖浆当然不会黏住或者堵塞城市的管道系统和下水道。结果用塞子塞了整整 22 次之后，两个人终于可以开始实验了。首先，他们将胍胶倒入水中，然后把这二者的混合液体倒进 25 米长的泳池。接下来，3 个水泵要同时工作 36 个小时，以确保将两种液体混合均匀。最终得到的是一种绿不啦唧的液体，它的黏稠度是水的两倍（但密度相同）。爱德华·库斯勒用一个充满诗意的画面总结道："它稠得跟鼻涕似的。"

接着，要找到愿意在这种液体中扑腾几下的志愿者，然后再将他们在这种状况下的运动成绩和在正常的消毒氯水中的成绩做个对比。一共有 10 位竞赛型泳者和 6 位周末型泳者同意"黏游"一回——"黏游"是我们专门为这个实验发明的动词。志愿者需要分别游几次，每次距离不同，实验设计者会分别计时，并记下他们的游泳动作，当然也不会忘了帮他们洗澡。自由泳、蝶泳、仰泳、蛙泳都用上了。最终审判结果是：志愿者在水中比在糖浆中游得更快。

而这个结果也再次让人们想起了 17 世纪的一场大辩论。这个辩论的主题是在弹道学中投射物的运动速度同它所穿过的空气阻力之

我们在鼻涕中能比在水中游得更快吗？

间的关系。而在泳者的例子中，因为人拥有一种内在的动力系统，因此在黏稠度虽然不同但非常相近的液体中游泳，他的运动速度并不会受到太大影响：阻力的确增加了，但随之运动员的运动效率也增加了。研究人员计算之后得出结论，为了使泳者速度减慢，必须把他浸在一种黏稠度比水高很多，接近蜂蜜的液体中。

这个实验过后，他们接下来要做的就是验证自行车运动员在腌酸菜（法国北方名菜）中蹬自行车是不是像他们说的那么累。

33. 凡·高还是夏卡尔？鸽子知道……

渡边茂是一位既热爱艺术又热爱鸽子的日本心理学家。这位心理学家已经做了好几个实验证明教会这些小鸟几个必要的审美要素以让它们在鸟类世界里一鸣惊人是有可能的。在1995年，他曾经让鸽子学会辨别莫奈和毕加索的作品。接下来，他希望能让鸟类和人类在鉴别名画上一比高下。这一回，被选择的画家是马克·夏卡尔和文森特·凡·高。

在2001年发表于《动物认知》(Animal Cognition)的一篇论文里，渡边茂详述了自己是如何训练这些鸽子辨别显示在电脑屏幕上来自凡·高和夏卡尔的八幅画的（每人各四幅）。凡·高部分情况是这样的，当这位荷兰画家的作品出现在屏幕上的时候，只要鸽子啄一下屏幕上的按钮，便会收到一些谷子作为奖励，而如果出现的是夏卡尔的画，它们啄了按钮之后，啥都不会得到。在夏卡尔部分，操作则正好相反。当鸽子的正确率达到90%以上的时候，日本专家就会在这八幅作品之外另加上三幅它们从未见过的作品（其中两幅来自于凡·高，一幅来自于夏卡尔）。而小鸟们总能轻轻松松就辨别出这三幅画的作者分别是谁。同样，如果把这些画变成黑白或者是把画幅的一半遮住，小鸟们的表现也并不会因此而大打折扣。接下来，灵长类动物的代表——人类出场了。他们会比小鸟们表现更好吗？显然会（放心吧！）。和鸽子一样，人类能够根据前几幅作品来定位出画家的风格，并使用这些线索来分辨他们从未见过的画作到底属于谁。

在 2009 年刊登于同一本杂志的一篇研究中，渡边茂则走得更远，他想为大家揭晓的是：鸽子能不能看出一幅"精美"画作和一坨屎之间的区别。为了不至于浪费几个小时去纠结艺术品位和色彩运用这样的问题（尤其还是要跟鸽子一起纠结），专家决定把注意力集中在一些由 9 至 11 岁之间的小屁孩完成的作品，因为这些作品会有一个比较清晰的评价标准。比如，情况有可能是这样的：小宝贝，你的这幅小画画得好漂亮哦，我们把它框起来挂在墙上吧；当然情况还可能是这样的：你个小兔崽子，画得还算有那么点儿意思，不过我们还是把它扔到垃圾桶里去吧。这位东洋专家遵循了和前几次实验同样的步骤，实验完成后得出的结论是，小鸟们能够区分一幅清爽的好作品（美术学院老师给出 A 等级）和一幅丑得不能看的涂鸦（由某位老师给出不大公平的 D 等级，因为这位老师从来没欣赏过杰克森·波洛克这位著名抽象画家的作品）。

一些人思忖，这些实验到底要表达个什么意思呢？我认为从这些实验中可以得出这样两个道理。第一个道理，渡边茂解释说，尽

管鸟类的大脑和我们人类的大脑结构很不一样，但这些鸽子能够区分出这些画作的好坏也许是因为它们的祖先发展出了一种和人类祖先相似的视觉认知能力，至少之前两个实验中出现的这种生活在树上的昼行动物的祖先是这样；另外一个道理是，如果连鸽子都能够辨别一幅杰作和一坨屎，那艺术市场的大师们可要当心啦。

36. 废话也有说服力？

法国部长会议在 2013 年 3 月颁布的高等教育与研究法案出台之前，就已经有相似的观点浮出水面，有人认为有必要让学生自己为各个教学项目打分。于是，我们迎来了一个炒冷饭的好时机，这顿冷饭是来自美国的一项研究，而这项研究已有 40 年的历史。发表在 1973 年的《医学教育研究》（*Journal of Medical Education*）上的一篇论文详述了纽约阿尔伯特·爱因斯坦医药大学的麦伦·L.福克斯博士曾经做过的一次报告。报告的题目是"博弈论及其在医学教育中的应用"。

现场聆听的只有 11 人，但这次报告被录制了下来，另有 40 多位精神病专家、心理学家、博士生以及不同领域的教育工作者观看了这次报告。福克斯博士被介绍成将数学应用于人类行为领域的专家，也是博弈论的联合缔造者约翰·冯·诺依曼的弟子，在这个简短的介绍之后，他在讲台后站定。他留着一撮小胡子，穿西装打领带，戴着一副大框眼镜。他的报告持续了一个小时，活跃、热情，时不时还点缀一点儿小幽默。报告结束后，他回答了几个例行的观众提问。

接着，观众被邀请评价报告人的分享效果，评价的方式是回答八个问题，这也遵照了在大西洋彼岸常被执行的惯例，问题有"他是否使用了很多例证来阐明自己的观点？""他是否以一种有趣的方式让自己的观点传达出去？""他是否启发了您的思考？"，等等。一共有大约55个人观看了他的报告，麦伦·L.福克斯得到的分数证明他深受听众的喜爱，而这份打分表让地球上所有领导人（和所有老师）都羡慕嫉妒恨。

可问题来了，他哪里是什么麦伦·L.福克斯博士啊？！做报告的这个人其实是个演员，他做的报告完全是由实验设计者精心编造出来的一通庸俗乏味充满诡辩的废话。这个所谓的麦伦·L.福克斯对把博弈论应用到医学教学中的几种可能性根本就一无所知，他对医学的唯一贡献是在电视上曾扮演过照顾神探哥伦布那只蔫不啦唧的狗的兽医。设计实验的专家只是简单地要求他饱含激情地把讲演稿读出来，事后证明，他的表演无懈可击。观众中那些高学历的家伙本应该内置的废话探测器竟然没有起到任何作用。

从这天起，福克斯博士效应就用来描述这样一种情形——一位具有特殊威信的教员即使没有教会学生什么，却依然能得到他们的好评。把教学内容分成好几块内容由学生进行打分根本就是在白费力气，因为这个程序中包含缺陷。而这项研究一直作为例证被一再引用。2012年，这个实验被重做，同样的内容，却被包装得更加没有破绽。

福克斯博士效应依然成立。在 1973 年这个实验的结论中，美国专家建议在教学上进行改革：给教师做培训，让他们的教学更具戏剧性，要么干脆让专业演员来教课。

1980 年，资深演员——罗纳德·里根入主白宫。

35. 你敢以身试毒吗?

在不正经科学的惊人历史上，有一个位置是留给那些毫不犹豫冒着生命危险只为满足自己好奇心的专家。1923年3月，阿拉巴马大学某个叫威廉·J.博格（William Baerg）的动物学家在《寄生虫学研究》（*The Journal of Parasitology*）上发表了一篇论文，文中详述了前一年他自愿被"黑寡妇"这种北美大陆上最危险的蜘蛛咬的整个过程。

他当然有他的理由。如果我们从最纯粹的科学角度来看，这些理由都是十足的好理由。他解释说，即使被毒蜘蛛咬的故事传播甚广，但有一些听起来还是不大可信（受害人常常一时疏忽，忘记把咬伤他们的凶手带到医院），而且没有任何人的证词有资格成为有科研意义的证据。威廉·J.博格于是决定把自己的身体变成实验的战场。这方面他可不是新手了，在他的军功章里，已经有了一个狼蛛留下的伤口。

这位美国的动物学家通过仔细观察，发现被"黑寡妇"咬过的老鼠在 8 小时之内能逐渐恢复，于是，1922 年 7 月 10 日，在一位学生的协助下，他将左手的大拇指伸向了一只蜘蛛，这只蜘蛛是他用啮齿目动物做实验时用过的三只蜘蛛中的一只。被咬的那一刻是 8 点 25 分，工作日刚刚开始，小虫子不需要被人求着才干活。为了确保足够剂量的毒液进入他的体内，动物学家数到 5 才把这些利爪从自己的手指上移开。他先是感到虚弱，然后疼痛迅速加剧。仅仅 7 分钟过后，已经发红的大拇指开始肿胀。1 小时之后，疼痛侵占了整只左臂，并一寸一寸地扩大领地：肩部、胸部、胯部……一直蔓延到双腿。距离实验开始已经 4 个小时了，博格感觉呼吸和说话困难，他已经站不住了。当别人为他敷上高锰酸钾时，他感到自己的手指在灼烧，毫无起色。下午，这位自愿被"黑寡妇"咬的动物学家的情况在恶化，以至于别人都认为把他送到医院才会是更明智的选择。他那几只啮齿目小动物用 8 个小时就渐渐恢复了，而博格却在 8 小时后发现疼痛变得难以忍受，也许这将使他对自己有更清楚的认知：你可不是一只耗子。

在医院，他被浸在了浴缸里，而这会让他感到放松。然后，有个人突发奇想，把他的手塞进了一台通了电的烤箱，然而热量只会让他感到更加疼痛，最终博格决定违抗医院的决定。他夜不能寐，让身体保持不动超过 30 秒都做不到。24 小时之后，疼痛又再次袭来。7 月 13 日，他终于能出院了，但时不时还是会出现一些幻觉，比如看见自己狂热地和蜘蛛一起工作——却没有任何实验目标。

你敢以身试毒吗?

这个啊? 这个只是职业性变形啦!

在他职业生涯的尾声，威廉·J.博格继续让自己被各种各样的小虫子咬噬（千足虫、蝎子、各种昆虫）。1970年，年届85岁高龄的他又自告奋勇地去测试另一种蜘蛛的毒液，但是负责这个实验的科学家拒绝了他的请求。是要把机会留给年轻人？

36. 蜘蛛侠的网到底有多结实？

《物理专题期刊》（*Journal of Physics Special Topics*）是一份特殊的科学杂志，每年由英国莱斯特大学出版一期，杂志上发表的文章并非来自于那些已经有一定知名度的学者，而是一些希望成为知名学者的学生。他们并不会享受特权，因为他们的论文也必须遵守"复审"的规则，在所有专业出版物里，这个规则正大行其道。年轻终究是年轻，这些作者在前辈的敦促下，决定"不走寻常路"。他们开始努力解决那些和物理哪怕只是沾点儿边的问题，也包括最不靠谱的问题。（然而一旦年纪到了，他们也会很快变成不苟言笑的老专家。）

在最近一期杂志中，我们读到了这样一篇文章，作者以物理学家的眼光重新审视了由山姆·雷米（Sam Raimi）执导，2004年上映的《蜘蛛侠2》中那些最惊心动魄的场景。我要为那些最近50年在孤岛上度过时光的人或者对"漫画"过敏的人回放一下主要情节。年轻的皮特·帕克（Peter Parker）被一只放射性蜘蛛咬过之后，变身成了超级英雄蜘蛛侠。而这个意外事件赋予了他无与伦比的力量、灵活性和非比寻常的思维能力，并且他的手和脚能够死死地黏着在所有岩壁上。并且，为了让人类的外表配上蜘蛛的全部武装，帕克还在自己的手腕上安装了一个蛛丝发射器，这个小玩意能够发射出富有黏性的蛛丝，是他通过生物科技合成的蛛丝蛋白制成的。而这种合成的蛛丝蛋白可以保证他在真实世界里发一笔横财。

当然，相较于挣钱，蜘蛛侠更擅长救人。在《蜘蛛侠2》中，他的死对头章鱼博士让一列塞满乘客的空中地铁失控了，他必须要让地铁停下来。皮特·帕克刚开始想用脚阻止这台疯狂列车继续行进，但他发现自己并不是超人。于是，他决定采用一种更能发挥自身优势的战术：站在列车头，将一张张蛛网粘在轨道两边的建筑物上，这些蛛网已经处在崩断的边缘，幸好在地铁即将脱轨悬空之时，他成功地拦住了地铁。

于是，莱斯特大学的学生们的问题来了：这样的英雄壮举看起来太不靠谱，只会在电影中出现，那在蜘蛛的世界里，到底有没有可能真的实现呢？我们知道，一根真正的蛛丝，它的韧性可以超过钢铁，但是它能拦下一列由重达38.6吨的4个车厢组成，载了平均体重为70公斤的一千来个乘客，时速接近90公里并且铁轨一直在为车头供电的火车吗？而对这一电影场景的视频分析告诉我们，从蜘蛛侠手腕发射出的蛛丝直径为5毫米。于是，他们列了几个公式，

蜘蛛侠的网到底有多结实?

做了几次运算，揭开真相的时刻来啦。答案是：是的，没啥大问题。在蜘蛛的世界里，这种蛛网的质量只能算稀松平常。

但是呢，我想建议《物理专题期刊》在下一期思考皮特·帕克身体的拉伸韧性有多强。因为无论做不做蜘蛛侠，他都可能在这股超乎寻常的拉力之下被肢解，成了好莱坞的拉瓦亚克（刺杀亨利四世的人，最后被处以碟刑）一样。学生们也不可能什么都想到吧。

37. 什么是新型车轮酷刑?

你知道有一种新型车轮酷刑吗? 第一种变体: 为了给某人占个车位, 你守在车位前不走, 但另一个司机已经在整个街区转了整整八圈依然没有寻获一个车位, 于是, 他把车狠狠地停在了你占的车位上, 还朝你吼了句: "这里可没写预留两个字! "但他忘了在你的身下有这样两只被称为脚的小东西。呒! 他的车胎压在了你的轻便鞋上。第二种变体: 一个司机, 但我不告诉你她的性别, 免得被女权主义者的巨雷给劈死, 她忘记了停车的基本规则。而你是个热心肠, 从人行道那里走过来想给她帮个忙, 多亏了全世界通用的那些臭名昭著难以理解的手势。("转, 转, 你个木瓜脑袋! ""停, 你刚才把大灯给打开啦! ""终于好了, 我们本应该在后面加半个拖车的。")但是, 那个司机错误地判断了车轮和脚的距离, 于是你的小脚丫惨遭车轮酷刑。

如果, 在这种情况或那种情况下, 你希望得到损害赔偿, 那么另一轮酷刑又将开始，因为你必须证明自己遭遇了不幸。但是，正如 2007 年发表于《国际法医学研究》（*International Journal of Legal Medicine*）上的一篇研究所述，警察、承保人和法庭都倾向于认为这样一起事故肯定更会造成骨头的严重损伤：当一个人声称自己被车轧了脚，却没发现一处骨折，这会令人怀疑。其实，他们忘了脚和身体的其他部位可不一样，从定义上来看，这可是整个身体的承重结构呀。进化让脚能够吸收一切形式的压力，从套袋跑到跳降落伞，还包括所有极端的情况，比如踩着跟儿和缝衣针一般细的高跟鞋小跑，将足球射进球门（或者是橄榄球，这里要再次声明，我没有性别歧视）。

所以说，脚是非常结实的。因此，研究者发现完成一个能体现大自然之伟大的实验是很有必要的，而这个实验是要衡量车轮压过脚面的后果到底是什么。愿意参加实验的志愿者请往前一步！啥，一个人都没有？我们已经认识了那些为科学进步而英勇献身的科学家，比如那个可爱到愿意挤压自己的睾丸来弄清楚痛感是怎样辐射出去的英国人。为了找到志愿者，只能依靠那些已经把自己的大脚趾（及其他）都捐献给科学的人了。于是，8 具尸体、15 只脚（是不是还有一条木腿呀）出现了。通过胫骨下段切除术，这些脚和它们的主人分离，并被放进了各式各样的开了口的鞋模里，码数从 37 到 43，并且都由一根垫木支撑。对面，是一辆大众公司的帕萨特（你猜对了，这是一项德国实验），重 1.35 吨，打完气的左前轮压强为 1.8 巴，它压在脚上。咣！研究者比较脚被压之前和之后的 X 光图像。15 只

这个工作好棒这个工
作好棒这个工作好棒
这个工作好棒……

鞋子中的 5 只会被冷冻至零下 20 摄氏度，接下来，等到它们都硬得像石头一样，用带锯将它们切成 4 毫米厚的薄片。所有这些分析都是为了了解皮肤、骨头、肌肉和韧带的情况。

实验结果：无论怎么压，脚都不会骨折。只是有点儿损伤，如果鞋面上开了口，皮肤会有擦伤。如果一辆车开得很慢，那么它更像是剃须刀而不是烦人的断脚器。

38. 恐惧会让你的体味改变?

　　故事发生在一间汽车旅馆的浴室里。一个短发的金发女郎正在洗澡，她没有发现一个黑影正在她的身后。这个黑影忽然把浴室的窗帘拉上，举起一把大刀。所有看过阿尔弗莱德·希区柯克《惊魂记》的人都已经知道接下来发生了什么（如果有人想要保留这个悬念，请直接跳到下一段吧）：珍妮特·利扮演的那位楚楚可怜的玛丽昂·克雷恩面对这把在她面前反反复复摆了好几次的刀，没有其他的办法，只能通过大叫来宣泄自己的恐惧，那对因为极度惊恐而上翘的眉毛，那大张的嘴巴，而电影配乐的作曲者伯纳德·赫曼那尖锐的小提琴乐声仿佛是叠加上去的又一重尖叫。

　　面部表情、尖叫、颤抖的声音……人类是通过视觉和听觉信号来定位他人的恐惧的。然而，最新研究显示，有第三种感觉也参与到了这一侦查中：嗅觉。但是请您放心：我们这个专栏要讲的，可不是《纽扣战争》（法国儿童电影）里的米格·德拉吕讷（Migue de la Lune），当他惊慌失措的时候，把肚子里的轮胎放了气，给他身后的人留下极具辨识力的气味。不，我们要讲的不是这种气味。恐惧的气味要更加微妙，它并不是从直肠里放出来的，而是来自于汗液，也就是大家经常说的冷汗。那些因为恐惧而冒冷汗的人释放出来的化学物质和桑拿浴室或者是运动场馆里的人释放出来的可不一样。

核心问题就是知道这种嗅觉信号在视觉信号和听觉信号前是否也有分量，且这种嗅觉信号能否传递恐惧。为了确定答案，土耳其—荷兰研究团队完成了一个测试，测试结果发表在了 2013 年 7 月份的《实验心理学学报：普通心理学》（*Journal of Experimental Psychology：General*）上。研究者首先收集了一些男性腋下的汁液（这几位先生流汗流得更猛烈一些）。这些人中，有一部分看了恐怖片的片段，而另一部分则没有。然后，实验就可以正式开始了，30 位年轻女性（她们对气味和情绪信号都更敏感）也被邀请参与实验，她们在研究者的要求下要看 24 段短片。短片的主角总是一个男人和一个女人。其中有一半的短片中，男人和女人参与了一场平静的对话，而另一半短片中，女人则要忍受来自男性同伴的侵犯。

"小白鼠"们一边看电影，一边闻气味，她们闻到的要么是散发温和气味的普通汗液，要么是人在恐惧时冒出的冷汗。为了对恐惧的程度进行估值，研究者们当然使用了——恐惧度量计*，这种度量计可以测量人在恐惧和担忧时所牵动的两块面部肌肉活动时所发

---

* 这里有一个文字游戏，法语中 trouillomètre 从构词上来说是像温度计一样可以测量恐惧的工具，但是实际并不存在。

出的电流。测试结束之后，研究者确认，恐惧的气味非常有效，和视觉信息以及听觉信息一样有效：这种气味让看平静对话短片的女性产生一种焦虑不安的感觉，并显著增加了女性在看刺激性短片时的恐惧感。

电影院的经营者为他们的 4D 放映厅置办设备时，他们重新构建了其他感觉，比如动感和气味，不同气味通过一根根细管喷洒出来。如果能在放映恐惧画面时同时喷射出一股股冷汗，将会是非常明智的选择。恐怖电影——气味的电影。好莱坞，打倒腋窝！

39. 辨出好音乐靠的不是耳朵?

这些现象我们很熟悉:我们通过封面来判断一本书,通过标签判断酒,通过包装判断礼物,通过照片来判断一个政客。换成科学语言,那就是视觉信息可以对消费者的判断产生重要影响。但是,如果我们要判断的是古典音乐呢?所有的音乐发烧友会指着他们的上帝发毒誓,不,演奏水平如何,当然还是声音说了算。一位艺术家弹奏的水平高下可不是说摆出夸张的动作和做些滑稽的模仿就能看出来的,你懂的!真的吗?咱还是走着瞧吧。

美国心理学家蔡佳蓉博士 (Dr Chia-Jung Tsay) 是英国伦敦大学学院 (UCL) 管理与创意系的讲师,她想要把这个问题弄个水落石出,而她自己就是一位专业的钢琴演奏家。她对古典音乐国际大赛的评奖标准很感兴趣,这些国际大赛通常也是那些年轻的独奏钢琴家飞黄腾达的起点。在 2013 年 4 月 19 日发表在《美国科学院院报》上的一篇论文中,她挑战了世人笃信的一条"真理"——在这些享

辨出好音乐靠的不是耳朵?

吉·墨龙

空气小提琴

有盛誉和令人生畏的音乐大赛中，声音是唯一的判断标准。

　　为了支持自己的猜想，她收集了十次最负盛名的音乐大赛的决赛录像，比如说荷兰李斯特国际钢琴比赛。然后，她让一个由古典音乐门外汉组成的点评组来预测在每次大赛中哪三位决赛选手会摘得桂冠。为了给选手的演奏水平打分，这些临时评委有一些收听了录音，有一些则观看了无声录像。这些选手，要么是莫扎特、贝多芬或者肖邦，要么啥都不是。

　　结果又如何呢？如果这些实验参与者相信古典概型*，他们至少有三分之一的机会蒙对。然而那些收听录音的人答对的概率只有25.5%。相反的，那些很可怜只能看一看无声电影的实验参与者猜对优胜者的概率竟然超过了一半（52.2%）。在第二次测试中，蔡佳蓉博士向她的"小白鼠"展示了有声录像。巨大的惊喜在等待着他们：预测的准确率提高到了35.4%（或者说几乎相当于古典概型），这样的话，相对于那些只看到图像听不见声音的人来说，音乐对准确判断而言只是一块鸡肋……

　　我们当然有理由反驳说这些门外汉的耳朵没有接受过专业训练，怎么可能准确评价这些高水准的演奏呢？因此，蔡佳蓉博士又召集了将近150位专业音乐家来重做实验。业余的请下台，让专业的上场。这回，他们能看出点儿门道来了，不，是听出点儿门道。然而，实

---

* 古典概型也叫传统概率、其定义是由法国数学家拉普拉斯（Laplace）提出的。如果一个随机试验所包含的单位事件是有限的，且每个单位事件发生的可能性均相等，则这个随机试验叫作拉普拉斯试验，这种条件下的概率模型就叫古典概型。

辨出好音乐靠的不是耳朵？

验总结是：这简直就是专家们的一场灾难。他们不仅完完全全复制了之前业余选手们的预测结果，而且每次的准确率比业余的还要差！旋律对他们来说，跟对其他人一样，是讨人厌的噪声，对于音乐比赛而言，是多此一举。

很显然，这个实验突出展示了评委们在演奏者发出的视觉信息前的脆弱权威。在最后一个系列的测试中，实验参与者只能看到独奏者的黑白轮廓。蔡佳蓉指出，竞赛的优胜者很多时候是那些演奏姿态中透露出激情和创造力，且看起来对演奏十分投入的人……好的音乐家当然是好，好的演员才更佳。

40. 如何练成凌波微步?

　　要是我们不提这篇论文，那我们的专栏就谈不上公正公平，说得夸张点，简直就是犯罪。这篇论文在 2013 年 9 月 12 日星期四斩获了不正经科学的最高奖——搞笑诺贝尔奖的物理学奖。发表在 2012 年《公共科学图书馆期刊》上，一个意大利研究团队把精力集中在不正经科学的第五元素上：这是最严肃的科学家都曾涉足的一个荒唐问题，但同时也是一次中学生式的幽默喷射，并且，这个实验将促成所有在学校被科学恶心到的人同科学的和解。

　　马上要揭晓的这个问题即将庆祝自己的 2000 岁生日了，它就是：人到底能不能在水上走呀? 如果我们把网络上流传的那些假新闻放到一边，根据现存的文字记录，公元最初几年在加利利湖边发生过一次，且仅发生过一次人在水上漂的壮举。对于一些人来说，这难以置信，因为在人们的知识范围内，只有很少的几种动物有能力做到。最著名的当属水黾，这种昆虫被误称为"水蜘蛛"，它能优雅地在

池塘或河流的水面上滑行。但是这种小动物作弊了，它们的躯干上长着一种厌水的细毛，跗节上的毛使得它们可以借助表面张力在水面上非常快地运动，而两足的大型动物是无法搭上这班顺风车的。

如果我们想找到两足动物在水面行走的实例，那就必须进入蜥蜴的世界。有种爬行动物费了很大的劲儿才为自己赢得了"耶稣蜥蜴"的美称，因为它能依靠自己的后足在水面上立起身子，全速奔跑，胡子迎着风……不，对不起，是头冠迎着风。可问题是，哪个人能有蜥蜴这样的腿弯呢，能够在一秒钟之内跨出八步。在耶稣蜥蜴面前，智人只不过是笨得要死的懦夫。挑出我们人类中跑得最快的那位尤塞恩·博尔特（Usain Bolt），如果这位牙买加运动员想练成水上漂的功夫，必须将自己的速度提升三倍，也就是说超过每小时 100 公里——即便运动学的药典内容在持续扩增也依然很难帮他达到这个水平。还有一种方法是让脚无限增大，直到它的面积超过一平方米。

没戏了？所幸不是。科学能解答一切问题。我们显然不能把他的脚增大到巨型鸭蹼的尺寸，只能通过减轻他的体重来减少重力的影响。荣获搞笑诺贝尔奖的意大利团队计算过，如果把重力降为原先的五分之一，那么在水上行走将会成为可能。说做就做。专家们设计了一个非常巧妙的可以大幅减轻实验参与者体重的气压力装置，用一根电缆连接上马具，然后再连上一对小小的苹果绿色的人造蹼，我们就可以在一个搞笑的充气泳池里验证理论的正确性。

回答是一句斩钉截铁的"是"。当重力不超过地球重力的 22% 时，一个人可以在静止的水面上疾速奔跑。为了达到这个目标，跑者必须将自己的膝盖抬高，这会让人有一种很滑稽的错觉，好像他正在一碗汤里踏水。研究者总结道：如果太空旅行可以像通用货币一样流通起来，在那些重力相对小一些的星球上，比如月球、冥王星或者木星的主要卫星上，人可以扮演先知。条件是要先在这些星球上找到液态水。而这在目前看来，还是天方夜谭。

41. 一根香肠里到底有些什么?

2012年，一件耸人听闻的丑闻的导火线在爱尔兰点燃：食品工业巨头们竟然用马肉伪造牛肉。一个肉制品的腐败网络被揭发，它已经烂到了骨子里。但这个新闻最后只不过变成了茶余饭后的小笑料。因为之后，一个跟这些食品工业巨头一样厚颜无耻的事实被发现了。我们原本以为消费者想要的是肉，而他们买到的也是肉，但是，现实要更加残酷：那些卖出去的肉根本都不配叫肉。

这里要说的是2008年几位美国专家发表在《诊断病理学年报》（*Annals of Diagnostic Pathology*）上的一篇论文，文章题目已经将作者的心思表露无遗，他们想弄清楚被我们塞进嘴里的香肠，它的真实成分到底是什么。在美国，这个问题可是个基本问题，因为美国是热狗之乡。根据论文中提到的"国际香肠与热狗委员会"（这个受人敬仰的机构是真实存在的，现实总要比笔者更幽默一些），美国人在2006年消费了200亿根熟肉制成的小棍棍。这些熟肉里

一根香肠里到底有些什么?

有猪肉、牛肉、火鸡肉或者是鸡肉。但是专家们关心的根本不是被煮熟的动物们。这些肉是狗肉还是耗子肉，对他们来讲根本就无所谓。对他们而言，唯一重要的是：这个食品业的不朽杰作中到底含有多少肉？制造商们说最主要的配料是肉，是动物肌肉，他们说的是实话吗？香肠里是不是只有肉呢？

想找出真相，除了科学老方法，再无其他捷径。于是，来自俄亥俄州的专家们，推上了购物小推车，购买了 8 个品牌的热狗香肠，最便宜的 11 美分，质量最好的 42 美分。香肠被切成几微米厚的小圆片之后，还要涂上着色剂方便后面的检测。这些可怜的食物像病理解剖那样被放在了显微镜下，以鉴定构成香肠的不同种类的细胞以及不同的组织。

读到化验结果时，我们会以为自己重新掉入了电影《美食家》（L'Aile ou la cuisse）（1976 年的法国电影）中的食物工厂。你们以为自己在品尝一顿全是肉食的大餐，可这不过是一种错觉，你们吃得最多的其实是水。收集到的 8 种样品中，其中有 7 种都包含了 50% 以上的水，最高纪录是 69% 的含水量，而规定的含水量是 10%。动物肌肉也远不是第一配料，最好的情况下，动物肌肉含量仅为 21.1%。而最差的香肠（但是这货还配被叫作香肠吗？），这个比例下降到了可笑的 2.9%。我们就更可以理解为什么专家们要在显微镜下观察了。

剩下的是什么呢？如果我们不算脂肪和一些植物配方，这就是一次精彩的大杂烩，有血管、动物皮、软骨，竟然还有骨头。唯一的好消息是，在检测中，专家们没有发现牛脑浆，也没有疯牛肉做成香肠。专家们补充道：含有骨头的成分有时候会被羞涩地标注在食品包装上，化名为"钙"。有骨头是因为生产商们的一些剔骨技术还不到家。换作肉铺老板会这么说："骨头好像是多了点儿，不过我还是给您放一起吧？"

42. 狗是怎么成为"人类好朋友"的？

　　这句老话已经传了几万年：狗是人类最好的朋友。诚然，已经有好几篇论文向我们证实了和布鲁托（《唐老鸭》中的那只小狗）生活在一起可以减少人的孤独感及抑郁情绪，但是用"朋友"这个词，是不是太把狗当人看啦？什么才算是朋友？只要它一个湿润的眼神，就能给你精神的支持，不用说一句话，它也能知道你的想法，并且，比一根狗绳要结实得多的对你的依恋会在它肺腑之间被深深体味。好吧，这不是狗是啥。但还是必须用实验证明，能超越一切的友谊，也能穿越物种间的沟壑。

　　这个话题听起来真是挺滑稽的，通过 2008 年发表在《荷尔蒙与人类行为》（*Hormone and Behavior*）上的一篇日本论文来探讨它也正体现了不正经科学的魅力。当然，要是问比尔，球球算不算朋友啊，得到答复当然不成问题。但是反过来就不行了：相对于语言，科学家们更喜欢可以测量、更有针对性的指示剂。因此，这个研究

团队更感兴趣的是一种叫催产素的生物指示剂。催产素对于分娩和哺乳的重要作用已经为我们所知，然而这种由大脑分泌出的复合激素还有其他的功用：最近的一些研究表明它对于维持社会关系也起到了一定作用，它令人产生依恋或者同情。

几位日本专家从"人与动物的交流首先要依赖眼神"这个基本原则出发，提出了这样的疑问——狗朋友的眼神是否会对主人的催产素指数产生影响。为了得出答案，他们召集了十几位狗主人和他们的狗来参与两项实验，这两项实验完成的先后顺序可以对调。测试从操作开始前一个小时在各自家中收集（男主人或女主人的）尿液样本开始，这是为了监测催产素指数。来到实验室之后，人类先单独在一个房间里休息 20 分钟。然后再次提取尿液。接下来狗会被带进房间，有两种方案：一种是让主人面朝墙坐好，不允许和狗有目光接触；另一种情况下，目光交流是被允许的。然后是最后一次单独休息的时间以及最后一次提取尿液。第三次休息的时间略微超过两小时（狗主人真是太神奇了，多小的地儿他们都能尿得出来）。

尿液被化验完之后，所有样本导出了一个惊人的结论。当眼神交流被禁止的时候，尿液中催产素的指数是恒定的。相反，当小狗梅朵儿和主人能够用眼神对话时，这种激素在尿液中的含量会迅速上升，在那些说自己和宠物的关系非常亲密的人身上尤为明显。并且，专家们还注意到，亲密"伴侣"中的狗注视主人的时间明显要比普通"伴侣"更长，频率也更高。论文的作者们猜想，经过几千年的进化，狗知道如何利用智人的自然习性而用眼神加强和他们的关系。

和我们解读婴儿眼神的方式一样，在狗的眼神中我们能找到一种情感上的支持。

接下来要做的实验正好相反，要测试的是，当我们这些舌头缩进嘴里的两足动物注视那些四只脚、爱伸舌头的"伴侣"时，它们的激素会不会产生变化。这是为了知道人类是不是狗最好的朋友。

43. 爱情真的是甜的吗?

一旦你坠入爱河，就会经常使用到嘴了：让我们斗胆回忆一下先前章节中讲到的气孕，只要你知道该往哪儿下口，就可以把一个女人的身体吹得像个气球，还有那（最初……最初的如斑鸠之间悄声诉说的甜言蜜语。爱人们会称自己的灵魂伴侣为"我的小糖糖"或者"我的小苹果"，如果你们更偏爱莎士比亚的语言，也许，你会把你的那个 ta 叫作"蜜"或者"甜心"。好奇怪，怎么都是甜的东西？你是不是也隐约感觉到，感觉、情感和隐喻之间存在着某种隐秘的关系，却又说不清楚它到底是什么？用通俗的话来说，爱情到底有没有让生活变得更甜蜜呢？

问出这么一个问题，你可能觉得我疯了。才没有呢！如果你已经知道话语常常会泄露同一个人的精神状态相关的感觉。所以，如果你孤身一人，通常会感到冷，一个实验就曾经证明过那些被排斥走在社会边缘的人对环境温度的估测会比普通人低。依据这个原则，

爱情真的是甜的吗？

新加坡某所大学的专家们发表于 2013 年 9 月的《情感》（*Emotion*）杂志上的研究想要测试出爱情和甜味之间到底是不是真的有联系，并且，因为感觉厨房的大门已经打开，也顺便研究一下嫉妒这种情绪和酸苦这两种味道是否存在某种关联。

经过两个由英国人组成的研讨小组激烈讨论之后，确认了这样一件事——在大众的集体味觉想象之中，没有什么比"爱情"和"甜蜜"更般配的了，而这就是第一个实验啦。接下来，这些专家召集了一批"小白鼠"，让他们相信马上要参加的是一次消费者行为测试。他们即将品尝的两种产品是事先准备好的，而之所以选择这两种产品，是因为它们的口味让人难以准确描述：一种是酸酸甜甜的水果糖，另一种则是既苦又甜的巧克力。

在把这两种食品放入口中之前还有两个步骤要完成。

第一个步骤是每个人用水清清嗓子。而第二个步骤则是参与者写一篇小短文，一部分人需要在短文中叙述自己的一段爱情故事，而另一部分人则要讲述自己某次嫉妒的经历。而证人组只需要描述一个建筑物。品尝的时间终于到了，吃完之后，要记录下每种口味的强度，这几种口味分别是酸、甜、苦、辣、咸。实验结果：被要求回忆动人爱情的人从水果糖里尝出了更多的甜，而那些回想嫉妒经历的人并不会更喜欢在苦和酸这两项前打钩。

专家们想要继续深入下去，因为实验的原始结果可能被扭曲：大脑和味觉相关的神经通路会强化甜味。因此他们开始了第二次测试，和第一次测试非常相似，区别在于"小白鼠"们将要品尝的是一种还未上市的新型饮料，而这种饮料其实只是蒸馏水。尽管事实上这种液体是无色无味的，但那些深陷爱情回忆之中的人竟然还是能尝出点儿甜味，也许是因为爱神维纳斯和哈瑞宝软糖（一种德国软糖）都能激活大脑的这个部位——前扣带皮层。而对于那些重回嫉妒时刻的人，他们也并没有从水里多尝出一点儿酸苦味道。

在研究总结中，作者还提到了一些将味蕾和情欲联系在一起的短语，比如那句耳熟能详的"让你的性生活火辣起来吧！"。我们正迫不及待地等待下一次实验的开始呢。

66. 撒尿的原理是什么？

您肯定能回想起来某种会漏水的浴缸和水龙头（嘻嘻，都已经漏出好几个小学生啦），而这种漏，不是说"我们把水管工叫来吧"就能解决的。您以为您已经脱离危险了吗？还没有。不正经科学会扯住您衬衫的袖子把您留下来，因为这里还有一个难题呢，亚特兰大州乔治亚理工学院的一个研究团队正在全力攻破，而这道题和我们在座的每个人都有关系，您、我、您岳母大人的猫、猫逮着的耗子、邻居的狗、表弟的狮子等等都脱不开干系。所有哺乳动物都要解决这个管道问题，因为我们每一个都拥有一个内置的浴缸和水龙头，分别叫作膀胱和尿道。

2013年11月，这些专家在美国物理学会"水暖设备"（流体动力学）分支的年会上向大家展示了他们的研究成果。开始这项工作，是因为直到现在，都很少有科学家关注过撒尿这个动作所包含的物理原理，好好想一想我们在排泄时所应用的自然机制到底是什么。

对于地球上的哺乳动物而言，到底是什么力量在主导尿液的排出呢？撒尿，必须要快，没有无谓的能量消耗（并且还能随时随地，想尿就尿）。地心引力肯定起了作用，同时还有逼尿肌的收缩，逼尿肌这个名字有点儿二，人家可是构成膀胱壁的主力，那么这两股力量在撒尿中分别出了多少力呢？还有一个问题：我们身体里那只迷你的有点儿可笑的膀胱，和大型厚皮动物（大象、犀牛等）那大得像个水桶的膀胱，它们的运作机制是一样的吗？

为了回答这个问题，研究者必须理论结合实践。理论部分就是建构在物理条件限制下的模型及相关公式。实践部分就是在动物园做实验，实验配备了一台快拍照相机，研究者们从第一滴尿到第二滴尿之间的任何一滴都不会错过。他们也手动收集了一些尿液（细节是什么，我们不得而知），并且还通过 Youtube 丰富了视频资料库（用什么关键词搜索的，我们也不知道）。实验做完了之后，一个"诺亚方舟"也做好了，参与实验的动物有：蝙蝠、老鼠、猫、狗、山羊、猎豹、熊猫、貘、驴、狮子、奶牛、马、斑马、野牛、犀牛和大象。怎么没有人类？手上拿着量杯和计时器，这四个专家竟然都没有玩游戏……真是可悲可叹！

实验结果是：哺乳动物因为小便的特点被分为两大阵营：特小和其他。第一阵营里的小动物们的尿道非常狭窄，撒尿时，毛细作用要大于地心引力的作用。因此，首先是膀胱的压力让尿液一滴一滴地排出。而对于其他动物而言，一旦括约肌舒张，一根尿柱就会被排除，主要依靠的是地心引力。因为每种动物的膀胱和它们的体

积是成比例的，所以无论是大象 120 升海量尿液还是小猫少得可怜
的尿液，它们被排出体外所需的时间竟然是一样的。当动物体积到
达某个值之后，它们尿尿的速度就会趋于相等，平均用时为 21 秒。

我们每个人都是一座被忽视的水塔，那么问题来了，我相信其
他撒尿科学死忠粉也一定会对这个问题着迷：我们能倒立着尿尿吗?

45. 女人是怎么把老公踩在脚下的?

　　我们专栏曾经探讨过这样一个问题：死亡是以怎样的速度向前行进的。多亏了一位美国学者 2013 年 10 月 23 日发表在《公共科学图书馆期刊》上的一篇文章，我们今天可以聊一聊和爱情有关的速度。说实话，文章的作者——来自西雅图大学的两位生物学家，最开始有其他考虑。他们的研究原本是关于人体的能量消耗以及人类是如何管理卡路里预算中的不同项目的。从这个角度来说，一切都是妥协，尤其对于女性而言，因为生育对她们来说是一项巨大的能量投资：每个月都要为未来的胚胎（无论它来还是不来）准备一个小小的温暖的窝，十月怀胎，哺乳，至少要忍受 25 年的"妈妈，好啦，答应我嘛！"以及要回答 25 年的"去去去，找你爸去！"

　　于是，我们就更容易理解智人这一物种中的女性为什么要用尽全力以及为什么当她的能量存储处于赤字时，她的生育能力会下降，且两次生育的间隔会延长。当她们必须长途跋涉时尤其如此。步行10公里，这不仅会磨损鞋子，也会用光能量存储。我们知道，当人类以最快速度前进时，能量成本和速度之间会达成一次妥协。向上走还是向下走，都会造成能量的超额支出（是的，不管是走得磨磨蹭蹭，还是急急忙忙，效果都是一样的）。

但是，人类的性别二态性差异特别明显，无论是谁。男性总是更高、更重、腿更长，并且他们中步速最迅捷的代表可以在10秒之内跑完100米。这些先生通常跑得都比女性要快。弗朗索瓦兹·哈迪（法国著名女歌手）以及这篇论文的作者们都在问："当我这个年纪的男孩和女孩两两漫步在街头时，会发生什么呢？"这问题好难。不可能所有人都能用自己的最快速度行走。谁会让步呢？先生会减速？女士会加速？或者两人之间会有一个妥协？

为了找到答案，实验在临时组合的两个人之间进行。实验参与者在跑道上行走时会有人计时。有以下这几种情况，要么是各走各的，要么是一起行走但身体不接触，要么是手拉手。而两人之间的关系，可能是同性伙伴也可能是异性朋友。而实验会在所有天气条件下进行，从1.7摄氏度的雪天到31.1摄氏度的大晴天。

实验结果首先确认：男人最快步行速度可达每小时5.51公里，而女性的最快速度是每小时5.18公里。而当一对伴侣一起沿着操场闲逛时，先生的速度会和女士的速度保持一致，不敢快一丁点儿。相反，如果先生身边的那位不是他的伴侣而是普通异性朋友，他就不会再跟她保持步速一致啦。每个人都出点儿力之后，步速达到了

5.33 公里每小时。

在生物学家眼里，男人愿意交速度税是有原因的：女性生殖系统对能量失衡比男性要敏感得多，男性总能一直无忧无虑地生产自己的精子而不受外界环境的打扰。而这种步行速度的协调一致可以理解为是在下意识地保护女性的生殖能力。献殷勤又多了一种新说法？

46. 有没有第三者，尝尝就知道？

布谷鸟是一种该死的鸟，它把蛋下在别的鸟窝里，把养儿养女的责任推给别的鸟。因为布谷鸟有这种私闯民宅的能耐，法语里布谷鸟（coucou）这个词还催生了另外一个响当当的与它一脉相承的词：乌龟（指戴了绿帽子的男人）（在这个没有底线的世界里，母乌龟也是存在的）。在这个专栏中，我们只对公乌龟感兴趣，而生物学家们因为……精子竞赛而对这个词着迷。这个充满运动感的短语意思非常简单：如果一个雌性同时和两个雄性（更多也不是没有可能）勾勾搭搭，精子就要开始开 Party。请注意听起跑令，最厉害的才能赢！

一些精子利用的是首发优势（pole position），因为这些"竹节虫"会在女士的体内逗留好几周的时间，必须确保它的配子能安全停泊在正确的港口，也可能是这种"小蟋蟀"分泌出被专家们诗意地称为"交配塞"的生物黏合剂，这种黏合剂将会阻止它的竞争者进入圣地中的圣地。而其他一些精子则相反，它们会利用"后来者居上"的原理来窃取优势地段，比如生殖器官排出的这种"小蜻蜓"会勒令女性身体赶走原先收集在"精子囊"（还真有精子囊这个词）中的所有精子。男人这种动物其实没费多大力气干多少大事，因为生物学家认为阴茎的形状就已经有得天独厚的优势，龟头根部的宽皱边能够像一把刷子一样刷遍（我不敢用通下水道的"通"）性伴侣的宫颈，使得原先可能由另一个男性留在这里的精液流出体外。这一切全都是为了避免这样的悲剧发生：明明孩子根本没有他的基因，他却还要花费血本送这些小兔崽子去格施塔德滑雪（格施塔德是法国人最爱的瑞士著名滑雪地）！

于是，我们终于明白在男人某个器官上那个奇怪小翻领原来有着重要的进化功能。但是，如果是口交呢，两位美国专家在 2013 年 4 月发表在《人格和个体差异》（*Personality and Individual Differences*）上的论文中发出了这样的疑问。根据他们的研究，照理说进化应该可以在床笫之间的每一个小角落里找到踪影，但舔阴对于进化的作用并没有得到明确的证实。于是，他们推进了这样一个猜想，那就是这种口交行为其实涉及一种成人的侦查机制，他们是这样写的："舔阴可以让男人品尝并闻出阴道周围或内部有没有竞争者的存在。"啧啧！对于那些在精子竞赛里承担最大风险——我用这个委婉的说法来代替让人不舒服的"戴绿帽子"的男人来说，他们深入酒窖的最底部是为了检测出……第三者的味道。

这两位专家没有胆量做活体实验，但是他们在至少一年的时间里对 231 位有性伴侣的男性就他们的口交习惯、他们伴侣的性吸引力以及伴侣关系进行了问卷调查。最终发现，最有可能戴绿帽子的男人（或者认为自己最有可能戴绿帽子的男人，因为他们把自己的女伴视为朝三暮四的随时可能爆炸的原子弹）也是那些为伴侣舔阴频率最高且时间最长的男性。但是，这个研究的作者并不敢确定他们的猜想是正确的，也许是因为他们无法保证人有能力辨别出被稀释的老精子的口味和气味。兄弟们，实践出真知哦！

47. 人在几点最诚实?

天一亮，一切又恢复了运转。早餐吃面包片还是麦片？别忘了你的减肥餐哦。黄油还是果酱，还是黄油加果酱？紧接着一张清单飘过来，上面写满了要见的人和要做的事。跟这个人要说点儿啥？跟那个人要说点儿啥？我真的必须干这种脏累差的差事？啊，停车费要付，就连教堂的募款箱还要投硬币。我能双行停车吗，就十分钟？这件上衣真不错！不幸的是，你必须跟大家一起排队！他以为他是哪根葱？这个糟糕的周二终于过完了，我得喝一杯放松一下，明天就戒。

一整天，我们都在和自己的欲望与冲动斗争，并尽量使它们和我们的道德模范保持一致。但是，这种警戒线一般、纯概念化的且几乎永不变质的道德感，对有些心理学家来说却更像是肌肉：它会累的。随着夜晚的临近，人的这种自我调控的能力会慢慢耗尽，就算是小蟋蟀吉米尼也会和我们一样需要休息。

人在几点最诚实？

亲爱的，你爱我不？

那可说不准。

169

一本不正经的科学

　　道德资源是否会随着时间的流逝而逐渐枯竭呢？为了得出答案，两位美国专家完成了一系列的实验，2013 年 10 月 28 日发表在《心理科学》（*Psychological Science*）上的一篇文章里有详尽叙述。实验分别在两个时间段进行，一个是上午，一个是下午，"小白鼠"们会接受不同的测试。第一项测试是为一些表述打分，分值从 1 到 7（1 堪称道德之父，7 则是"我刚把我老妈卖给了魔鬼"）。这些表述中有这样的句子："考虑到很多人对自己的印象都不大客观，所以，把自己的优点夸大一些并不能说是什么罪过。"另外一个测试是填字游戏，比如说填上两个字母，可以得到两个英语形容词"moral"（道德的）和"ethical"（合乎道德的）（但也可能是 coral 和 effects 这样的词）。

　　不过，最有趣的实验是给你机会撒谎和作弊的那个（当然，你也可以选择保持诚实）。其中一个实验是，参与者单独面对电脑屏幕，屏幕上会连续显示一百个被对角线一分为二的方格（每个方格只会在屏幕上停留 1 秒钟），在每个方格中会分布 20 个点，参与者通过摁一下按钮来告知方格的哪一边包含更多的点。如果他的答案是右边，将会得到 5 美分的奖励；如果答案是左边，得到的奖励只有 5 美分的十分之一。也就是说，即便参与者答错了，也能得到奖励，因此他可以故意说谎来增加自己的奖金额度。

　　全部实验的结果都指向了一个方向。下午的"小白鼠"更容易忘记自己恪守的道德观，比上午的"小白鼠"更容易撒谎。而那些自认为是最诚实的人，上午和下午的表现差距最大，随着从早到晚时间不断推进，他们的道德存量会变得越来越少，而对于其他人，道德存量早早就用光了，撒谎这一行为从早到晚都在发生。

论文作者建议，可以把那些最需要道德感的任务安排在早上。比如，在早餐时刻报税，如何?

48. 史上最令人作呕的实验?

　　敢于把科学中最恐怖的部分直接吞下肚的科学家里，我今天想说一说约瑟夫·戈德伯格（Joseph Goldberger）。1914年，这位40岁的美国医生接到一个任务，调查糙皮病的起因。这种病会引起严重的皮肤问题和腹泻，最严重时可导致精神错乱和死亡。那个年代的人都以为这是一种传染病，但戈德伯格死活不同意这种说法。作为一位专注研究贫穷和疾病之间关系的专家，他认为糙皮病是由食物匮乏造成的。1915年，他找来十几个犯人来测试自己的理论，报酬是减刑。实验内容是让这些犯人一日三餐都以玉米为主要食物。其中有几个人出现了糙皮病最初的症状，但恢复均衡的饮食之后，症状又消失了。然而这个实验并不足以说服医疗机构。

　　面对同行的不信任，1916年初，约瑟夫·戈德伯格想从另外一个角度解决问题，他想先证明这种病不会传染。于是，他决定让自己的身体和从糙皮病患者身上提取的物质来一次亲密接触。他邀请 14 位合作者加入自己的计划，也包括他的妻子。"亲爱的，你要不要尝尝这坨鼻腔黏液、血液、烂皮，还有屎和尿？"

1916 年 11 月在《公共健康报告》（*Public Health Reports*）上，这个不可思议的实验经过被作者详细叙述。这个令人作呕的 Party

是这样开始的，参与者需要先服用苏打中的碳酸氢钠以减少胃酸分泌，而这是为了让可能存在的糙皮病微生物得到充分运动的机会。因为，如果已经将病人的血液注射到血管或肌肉中，把病人的鼻腔分泌物放进"小白鼠"的鼻子和嗓子里，那么剩下的最好就通通吃掉。"亲爱的，这一次让我来做饭好吗？"

　　既然你跟我闹个不停，非要我把糙皮丸子的菜谱告诉你，那就满足你一下：先取病人4毫升的尿液以及同样剂量的鼻腔分泌物，然后用指甲从病人（死的活的都可以）身上抠下一点儿死皮（0.1克或者0.2克就够了），把刚才所有的配料和面粉（咸饼干屑也行）放在一起搅拌，把它们搓成小丸子。得趁热吃哦，刚做出来的更好。从1916年4月到6月，整整两个月间，这个实验做了好几轮。"亲爱的，要不要再来一点儿？"

　　如果我们不把恶心和消化紊乱算在内，这16位勇士没有一个人生病。约瑟夫·戈德伯格是唯一一个全程参与实验的人，他也什么事儿都没有，身体棒棒的。他在研究中强调："如果你觉得我们吃这些龌龊丸子吃得有点儿多，那相对应的身体反应则出人意料得轻。"尽管这位美国医生有着钢铁一般的坚定不移的决心和意志，并且这个实验已经告诉我们糙皮病的致病原因是食物缺乏而非传染，他的声音却被湮没了，也许是因为他没有指明更加具体的病因。1937年，他死后的第八年，人们终于发现糙皮病是由维生素 B_3 缺乏所导致的。然而却没有人想过用 Goldberger 姓氏的首字母 G 来命名这种维生素。

69. 测量指甲有什么用?

指甲可不止一种功能,你可以用它抓、搔、挠,还可以用它挖鼻孔,被锤头砸,让美甲师以及指甲油小商贩发财。科学也把这种表皮性组织拖进了流行病理学的研究中,因为指甲也是一种健康指示器,它可以记录人暴露于不同事物、环境、元素和有毒物质(比如砷、硒、尼古丁)的时间。剪下的指甲碎片对于你的身体就好像树的年轮之于气候:一种中期的记忆。

为了用对这个工具,必须量化它,也就是要很清楚地知道指甲长得有多快(准确地说应该是有多慢)。简而言之,就是要对它了如指掌。手的指甲和脚的趾甲生长速度是一样的吗?左手和右手指甲的生长速度是一样的吗?每根手指的指甲的生长速度是一样的吗?不同年龄、性别、种族以及气候下的指甲生长速度又是怎样的?指甲测量协会早在 20 世纪 30 年代就已经在尝试回答这些问题了。

一本不正经的科学

关于这一主题的最新研究发表在 2010 年《欧洲皮肤病学与性病学会志》(*Journal of the European Academy of Dermatology*) 上。这项研究在 2008 年 4 月至 7 月关注了 22 位美国年轻人的手和脚，实验过程体现了极简主义：在实验开始时，参与者在指甲的角质层处划下一道细痕，等表皮性组织——指甲长长之后，以最精确的方式测量出切痕和角质层之间的空间。结果是，对于每根手指而言，无名指指甲生长速度最快（每月平均 3.65 毫米），小拇指指甲生长速度最慢（每月平均 3.08 毫米）。但是还有更不着急的，脚趾甲的生长速度比手指甲的生长速度要慢两倍。专家们还强调：大脚趾的趾甲作为人体最德高望重的部位，生长速度很慢并且还不好剪，却是流行病研究的最佳选择，因为它很可能储藏了将近一年的信息。

不过，我们不正经科学专栏觉得吧，年轻人，4 个月的时间是不是太短了点儿。我敢说，在威廉·宾（William Bean）这位前无古人后无来者的伟大科学家面前，你们只能算是跑龙套的。这位美国医生生于 1909 年，死于 1989 年，他几乎把生命的一半时间都奉献给了这绝妙的研究对象——他左手的大拇指。1941 年 11 月，他在大拇指指甲上刻下了第一道切痕，紧接着，他的祖国就加入了第二次世界大战。而他则一直在注视大拇指指甲的生长。10 年后，他发表了这个主题下的第一篇论文；20 年后，第二篇；25 年后，第三篇；30 年后，第四篇；35 年后，最后一篇。

他很清楚，自己的采样只是一个人的一只手的一根大拇指，有点儿局限。这位专家证实了他指甲生长的速度会随着年龄增长而减慢，从 32 岁时的每天 0.123 毫米到 35 年后的每天 0.095 毫米。他还意识到，生病的时候，指甲的生长速度几乎为零。好啦，这位憨豆先生（MR BEAN）得过的腮腺炎也应该受到表扬。

50.《花花公子》封面女郎也是科研利器？

　　1953 年 12 月，市面上出现了第一期《花花公子》，封面上的女人叫玛丽莲·梦露。中缝的双彩页上是一张著名的相片：一个女演员，朱唇微启，右臂轻抬，斜卧在一袭红毯上。还要我再告诉你她什么都没有穿吗？我当然也很想把照片贴在下面供大家欣赏，如果版面够的话，如果主编……

　　杂志不可貌相，《花花公子》在它诞生之后的这六十几年里，从未满足过仅仅是做男性杂志的火车头，从来都没有！它同样为能够成为科研利器而感到骄傲！杂志里的模特要么穿得很少，要么啥都没穿，而她们的照片一次又一次地出现在了实验室里，用来亮瞎"小白鼠"的双眼，呃，不，是用来测定决定女性吸引力的重要标准，也是为了发现这些标准历经的变化。如果手上没有一打性感模特，一沓杂志也是不错的选择。

　　也许列出的杂志清单并不完整，但是，在 1980 年，出现了

《花花公子》封面女郎也是科研利器?

和这个主题相关的一篇论文，集中研究了 1960～1978 年的《花花公子》杂志模特。1993 年，印度裔美国人德维得拉·赛（Devendra Singh）接过了这把火炬。这位得克萨斯大学的心理学家专注于研究腰臀比例，他认为这对于任何男性都有着巨大的吸引力，无论他处于什么时代，无论他生活在怎样的文化之下。沙漏型身材（著名的三围 90-60-90）发出了暗示了健康和生育能力的积极信号。赛的手上有模特身材的两期数据。第一期数据从 1955 年到 1965 年，第二期数据则是从 1976 年到 1990 年。他发现这些年来，杂志中缝模特的腰臀比很少有变化，而他认为这已经验证了他的猜想。

2002 年，由非常严肃且读者甚广的杂志《英国医学研究》（*British Medical Journal*）再次质疑赛的实验结论，理由是这些数据太过零碎。马丁·沃拉瑟可（Martin Voracek）和玛丽安·菲舍（Maryanne Fisher）回到了问题的源头，也就是说，他们找到了从 1953 年 12 月到 2001 年 12 月的所有《花花公子》杂志，总共是 577 份。杂志是"分析"的工具，还有比这更糟糕的了吗？！他们从中"提取"了一些数据来展现中缝女郎，数据可能是从照片说明上找到的，因为我们很难想象，这些专家会掏出一把裁缝用的软尺来测量这些二维照片中的模特的胸围。

结论是，唯一稳定的数据是体重。但是因为世界总人口在研究涉及的这半个世纪中暴增，《花花公子》中那些年轻女郎的体重指数已经下降到了平均体重以下，而这和女性杂志的审美趋势是相符的——女人看着越来越瘦。腰臀之间的差数也在减小，而男人女性化的趋势却在增加。我想引用另一项研究的结论，近距离（但不会太近）观察那些英国模特，现在已经不是"沙漏型"身材的天下啦，人们喜欢的是"管状身材"。